MANCERA DE ABAJO
CUANDO LA HISTORIA DESPIERTA…

Señorío y marquesado, el convento,
y sus orígenes, costumbres del pueblo

SANTOS MARTÍN LÓPEZ

Mancera de Abajo
Cuando la historia despierta…

Señorío y marquesado, el convento,
y sus orígenes, costumbres del pueblo

Diputación de Salamanca
2025

Ediciones de la Diputación de Salamanca
Serie Ayuntamientos, nº 71

1.ª edición: 2025

DIPUTACIÓN DE SALAMANCA
e-mail: ediciones@lasalina.es
www.lasalina.es/cultura/publicaciones

Diseño de cubierta: AF Diseño Gráfico

I.S.B.N.: 978-84-7797-779-7

Depósito legal: S 206-2025

Impreso en España

Maquetación: Intergraf

Imprime: Valle 2020. Salamanca

Para mis amigos:

- Adrián Castro Chaves   *Adri*
- Carlos Martínez García   *Carlos*
- Emiliano Martínez   *Nanito*
- Fernado Aguado   *Fernando*
- José Sánchez Ronco   *Pepe*
- Julián Martín Pérez   *Juli*
- Lucio Hernández Santos   *Luci*
- Serafín Martínez Martínez   *Sera*
- Valeriano Sánchez de la I.   *Balín*

Para todos ellos, con quienes compartí la felicidad en nuestra juventud, sin conocer ordenadores ni móviles.

¡Qué milagro, y que recuerdos!

PRÓLOGO

No me invita a este trabajo, solo la curiosidad, sino más bien, el sonrojo y la insatisfacción que me produce no haber conocido la historia de mi pueblo hasta tener una edad avanzada.

Animo a todos los jóvenes, a no esperar tanto para descubrir un pasado tan rico en acontecimientos y hechos históricos, porque es difícil encontrar en una villa tan pequeña, una «porción» de historia de España tan densa y con tanto significado en lo político y en lo religioso, hasta el extremo de ser sede del **Señorío de las cinco Villas**, de un **Marquesado** con su nombre y tener relación con **tres Virreyes** de «las indias» ¿Se puede pedir más?

En lo religioso, Tiene el convento que fundó aquí **Sta. Teresa** y que fue restaurado cuatrocientos años después por la **Sta. Madre Maravillas**, el cuál fue, segunda residencia conventual de **San Juan de la Cruz**, una Iglesia con un retablo precioso y varias hermandades con costumbres y tradiciones peculiares, de las que aún se conservan algunos rasgos.

Además, no podemos olvidar que en el año 1932, nace en Mancera el pintor y grabador **Antonino Sánchez** que es un nombre que va a figurar siempre en la historia del grabado español y que obtuvo muchísimos reconocimientos en forma de premios, Así, en el año 1978 la FNMT presenta en Paris un prototipo especial de billete que proclamó a sus autores —entre ellos Antonino— como **el mejor equipo de grabadores artísticos del mundo,** en el año 1992 fue primer premio Internacional de calcografía, En 1994 Premio al mejor sello de España en el Salón del sello de Paris… y muchos más premios.

Todo esto, nos confirma que estamos ante uno de los pintores y grabadores más importantes del s. xx, y del que muchos nos sentimos orgullosos.

Estos y otros motivos, me animaron a intentar ayudar con este libro, —en la medida de lo posible— a quienes tengan algún interés en conocer y profundizar en la historia de este pueblo.

Afortunadamente personas como Ceferino Gómez con su libro: **Mancera de Abajo, Ayer y Hoy de una Villa** y Felisa Santos García en **Mancera de Abajo Cuna del Señorío de las cinco Villas**, han puesto al alcance de cualquier lector muchos de los acontecimientos más importantes acaecidos en este pueblo.

Además, hay jóvenes involucrados como Enrique Sánchez «**Vegas**» que, con los actuales medios de comunicación, nos permiten de alguna manera –a los emigrados sobre todo– seguir teniendo contacto virtual con nuestro pueblo.

Todos sabemos que conviene conocer la historia, para que algunas cosas malas no se repitan, alguien dijo: Un pueblo que olvida su historia, reniega de sí mismo, totalmente cierto.

A todos los lectores, gracias por vuestra curiosidad.

El Autor

SEÑORÍO Y MARQUESADO,
EL CONVENTO, Y SUS ORÍGENES,
COSTUMBRES DEL PUEBLO

LOS ORÍGENES DE MANCERA

El resumen histórico de nuestro pueblo, que nos ofrece el ayuntamiento, dice que lo poco que se conoce de los primeros habitantes de la zona, nos lleva a pensar que estuvo habitada desde el paleolítico, ya que se han encontrado restos de esa época en varios pueblos cercanos, como Alaraz, Salmoral, Santiago de la Puebla… donde han aparecido algunos utensilios de piedra, del principio de la edad de hierro o del bronce que invitan a creerlo.

Hay que pensar, que las condiciones geográficas de esta zona, permiten ir de un pueblo a otro con suma facilidad.

Pero, hasta la época romana, (s. II a C.). no hay ningún elemento que acredite que este lugar estaba habitado, y de esta época, es **la tapadera sigillata anaranjada estampillada**, tipo de cerámica grabada que apareció en *las eras* de Mancera y que se encuentra depositada en el museo de Salamanca. En la exposición que hizo la fundación Sánchez Ruiperez, hace unos años en Peñaranda, se expuso este plato o tapadera.

De esta época también, cuenta el Padre Morán, —agustino— que, según un estudio arqueológico de Salamanca, en los alrededores de la Iglesia, había un sepulcro romano de piedra que posiblemente, esté enterrado en el atrio.

Además de todo esto, en Mancera de Arriba, quedan restos de la Villa Romana del que debió ser un hombre importante, y que se le relaciona con la explotación de las minas de plata de las zonas de Mancera de Arriba, Blascomillán y San García de Ingelmo.

Pero Mancera, parece ser, que surge entre los años 711 y 740, aunque las primeras noticias documentadas, no aparecen hasta el año 1250 cuando forma junto a otras 33 aldeas: *El Cabildo de Rialmar*, perteneciente a la diócesis de Ávila.

A partir de ese momento, son los árabes los que dejan su impronta tanto en la toponimia como en el arte. Esta zona, fue repoblada por primera vez hacia el año 939 con mozárabes que ya sabemos que eran personas hispano-romanas que vivían en territorio musulmán.

Pero por desgracia, debido a las continuas batallas y guerras de Sologral o Salogral y a la invasión de los musulmanes, por toda Castilla y León, no queda más documentación, que la de los libros parroquiales de los s. XV y XVI.

Después de la reconquista, entre las condiciones necesarias para recibir tierras en esta zona, estaban: Establecer casa, cultivar las tierras y plantar viñas. —Las viñas se han seguido cultivando hasta hace muy poco tiempo en nuestro pueblo—.

Mas tarde, en el año 1370, *Manzera de Suso* —como se llamaba entonces— pertenece ya a la familia Álvarez de Toledo.

Fue un hijo del primer Duque de Alba quien estableció aquí su casa y llegó a ser tan importante en aquellos tiempos, que en algunos casos se hablaba de ella como «El estado de Mancera»…

A partir de este periodo de tiempo, surgen todos los vaivenes políticos que generaron las familias dominantes, y que vamos a intentar repasar aquí.

Pero ¿cómo fue la evolución demográfica de nuestro pueblo? Desde el s. XVI, disponemos ya de algunos datos. Veamos:

En el año 1534, había **182** pecheros[1]

En el año 1587, había **150** pecheros

En el año 1591, había **156** (más un hidalgo y 2 clérigos)

Después no tenemos datos hasta el vecindario del Marqués de la Ensenada, en 1749 donde aparecen **55** pecheros más (dos nobles, un eclesiástico y un pobre de solemnidad).

La siguiente información sobre vecindario, aparece en los censos de población de 1842 donde Mancera figura con el siguiente número de vecinos:

Año	1842	1857	1860	1877	1887	1897
Población de hecho	–	476	463	655	779	839
Población de derecho	303	–	–	679	838	823
Hogares	74	102	107	177	203	209

Llegados al s. XX, estos son los datos del Instituto Nacional de Estadística:

---

[1]   Persona obligada a pagar impuestos al rey o a su señor.

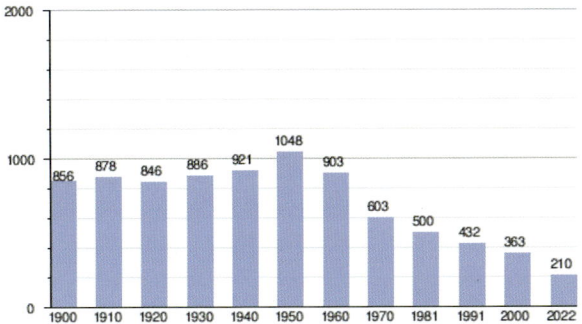

Como podemos observar, Mancera desde mediados del siglo pasado, cuando llegó la mecanización al campo, también es víctima de la despoblación rural, y colabora con la España vacía que tanta pena da.

SUS DATOS GEOGRÁFICOS SON

Altitud 898 m. Latitud = 40º 49' 60 N Longitud = 5º 12' 0 W.
Extensión = 24,25 Kilómetros cuadrados.

EL PUEBLO

La villa de Mancera de Abajo, es un antiguo pueblo castellano-Leonés que aparece colgado del vértice del ángulo que forman la carretera CV81 de Alaraz a Peñaranda y la SA112 de San García de Ingelmos a Peñaranda. Más abajo, el *río Zamplón* pone limites al pueblo por el S. y el O. deslizándose entre los meandros que impone la orografía.

Vista panorámica del pueblo

Este rio, ha sido a través de la historia, junto con la fuente de los caños y algunos pozos particulares, la única reserva de agua para los manceranos. Antiguamente, cuando se secaba el rio durante el verano, las mujeres, escavaban en su cauce *antanas* en la arena para llenar sus cántaros, no en balde, este agua, tenía fama de cocer muy bien los garbanzos, y todos sabemos que en Castilla, el plato más usual diariamente entonces, era el cocido.

Sus casas, algunas de adobe y tapia hasta hace pocos años, se encuentran desparramadas ladera abajo, a sotavento del gélido norte, sin lugar a duda, intentando conseguir el máximo abrigo posible. Los nativos, sabemos bien que el aire fino y frio de las heladas noches invernales se cuela como una daga por el mínimo resquicio que las prendas de abrigo ofrezcan, cortando hasta el aliento. Mancera, pertenece a la provincia de Salamanca desde la reorganización provincial del año 1833, dentro del partido judicial de Peñaranda de Bracamonte, anteriormente, perteneció a la provincia de Ávila; de hecho, eclesiásticamente, siguió perteneciendo a la diócesis de Ávila hasta el año 1959.

Los elementos estructurales más importantes que se conservan como testigos de su historia, son: **La Plaza**, donde está **el ayuntamiento**, los **restos del Palacio**, **la Iglesia** y **el Convento** principalmente.

LA PLAZA

Situada más o menos en el centro del pueblo, ha tenido a través del tiempo varios nombres, primero se llamó **Plaza Mayor**, después **Plaza de la Armería** y –remozada a mediados de los años 80–, recibe el nombre de **Plaza de la Paz**. Constituye el centro social y lugar de ocio y encuentro de los Manceranos, en ella se ubica el Ayuntamiento. En esta plaza, convergen seis de las más importantes calles del pueblo: c/Santa Teresa que antes se llamó calle larga y calle de Bóveda c/José Antonio, antes calle Alba Alta, c/del Convento, antes calle larga c/de La Fragua, y las calles Doctor Eduardo Martínez antes Alba baja y calle El Álamo. Por cierto, Dos de estas calles que discurren en sentido N a S –Santa Teresa y El convento–, dividen a Mancera en dos partes más o menos iguales y otras dos, que lo recorren de E. a W. –José Antonio y Dtor. Eduardo Martínez– hacen otro tanto dividiéndolo en parte Norte y parte Sur.

Se da la circunstancia de que todos los asentamientos históricos que conocemos se encuentran situados en la parte Sur: El Ayuntamiento, la Iglesia, el Palacio y el Convento.

Vista de la plaza

EL AYUNTAMIENTO

En el lateral sur de la plaza, se encuentra el Ayuntamiento, es un edificio portica-do construido en ladrillo visto, de dos pisos, soportado por cuatro columnas circu-lares de piedra asentadas sobre zapatas redondas y con capiteles tallados también en piedra. La planta baja, data del año 1530 y la superior, fue añadida en una reforma que se hizo en el s. XVII.

Fachada del Ayuntamiento de Mancera

En la planta baja, tiene la puerta principal –que da acceso a la plaza–, está adintelada y se orna con el escudo de los Álvarez de Toledo (Señores de Mancera).

Tiene además tres ventanales que permiten luz suficiente para las oficinas del interior. En la planta superior, tiene tres balcones de poco fondo en hierro fundido con las puertas de acceso acristaladas. El uso de este edificio, a sido muy variado a través del tiempo, desde granero para recoger los cereales del pago de censos de los agricultores que tenían arrendadas tierras de labranza, hasta. calabozo, ambos, estaban situados en los bajos del edificio junto a las propias oficinas del ayuntamiento, que tenían una zona dedicada a la atención del público, con ventanilla incluida, aunque de uso infrecuente.

En el piso de arriba, durante algún tiempo hubo una escuela de niños (las de niñas, estaban separadas entonces) y las dependencias de la Hermandad Sindical de Labradores y ganaderos.

Escudo tallado en piedra

En la actualidad este edificio alberga el centro médico, la oficina de la Cámara Agraria además de todas las dependencias propias del ayuntamiento, incluido un pequeño salón de actos.

LA IGLESIA

Es el edificio más emblemático del pueblo, se asienta sobre una ermita del S. XIII o XIV. Se empezó a construir en el año 1478 y se terminó el 1575 en que se colocó la cruz de hierro sobre la cúspide de la torre. Años más tarde, se han acreditado varios retoques y cambios que configuran su actual estructura.

Todo el edificio, está construido en sillería granítica y llama la atención además de por sus dimensiones, por la torre del campanario de estructura prismática regular que por su altura, constituye el principal faro del pueblo, vigía permanente de esta localidad. En el interior, por encima de todo, sobresale el maravilloso retablo del presbiterio de estilo rococó con dorados y estucados, que arrancó a Sta. Teresa aquella frase de: ***Yo no he visto en mi vida nada igual, y otras muchas personas dicen lo mismo.*** (Su imagen aparece **en El Convento y sus orígenes**).

Parece ser que fue construida para una imagen de N.ª Señora que mandó el padre de D. Luis desde Flandes a su madre o a su abuela. No lo recuerda bien la Santa.

Para todos aquellos que estén interesados en las fechas y los detalles de su construcción, en los libros de **Ceferino Gómez** y **Felisa Santos** pueden hallar detalles complementarios de estas cosas, aunque algunos de sus datos, permiten ligeras dudas.

Vista de la iglesia

EL PALACIO

Nombre habitual por el que le conocemos todos en el pueblo, fue la residencia de los Señores de Mancera y se construyó a finales del s. xv por D. Pedro Álvarez de Toledo; por cierto con mucha valentía, porque hay un documento curioso expedido en Valladolid el 12 de septiembre de 1498 por el que los Reyes Católicos mandan al corregidor de Madrigal trasladarse a Mancera de Abajo y haga suspender las obras que ha iniciado D. Pedro de Toledo, por sospechar que podría tratarse de una fortaleza, sin tener permiso para ello y porque «*sy la fiziese podría venir mucho daño a los lugares comarcanos*».

Más tarde, el 9 de octubre de 1498 se reitera la prohibición y se apercibe a canteros y pedreros bajo fuerte multa.

Como podemos comprobar, el palacio se hizo; lo de demuestra a las claras que construir algo sin licencia, no es ningún invento moderno.

Parece ser que estuvo habitado hasta el S. xvii, residieron en él, además del citado D. Pedro, su hijo Juan de Toledo y Ayala, su nieto D. Luis de Toledo y Mendoza, D. Pedro de Toledo y Leiva 1.º Marqués de Mancera, y su hijo D. Antonio Sebastián, algunos de ellos, por sus cargos políticos, estaban mucho tiempo fuera de España, por lo que no podían residir en la villa. El último, D. Antonio Sebastián, traslada su residencia a la corte pero al final, viene a morir a Mancera y es enterrado en el convento de mínimos.

También sabemos que su final, fue en el año 1813. Los Franceses, en su retirada, además de robar –por la fuerza– muchos animales y bienes de valor a los habitantes, lo prendieron fuego y quemaron todos los artesonados de madera noble que tenía, convirtiéndolo en un edificio en ruinas. Este fue su final.

EL CONVENTO

En el s. XVI D. Luis Álvarez de Toledo, señor de las cinco villas, dio facilidades suficientes a Santa Teresa para lograr convencerla de que trasladara el convento desde Duruelo, donde estaba en unas condiciones muy precarias, hasta Mancera. Convencida la Santa y Fray Antonio de Jesús, que era el Prior, el día 11 de junio de 1570, se trasladó el convento a Mancera con toda solemnidad con el acompañamiento de multitud de gente de los pueblos limítrofes, unos, por su convencimiento religioso y otros por la gran influencia política de D. Luis en estos lugares (más adelante veremos con detalle el traslado y sus fundamentos).

Conocemos la zona donde se instaló en principio este primer convento, prácticamente cerca de donde hoy se encuentra el nuevo, pero no tenemos determinado el lugar con seguridad.

Lo que si sabemos es que tuvo siempre una gran influencia entre los católicos de Mancera. Eso justifica el número de vocaciones religiosas tanto de hombres como de mujeres, en un pueblo con tan pocos habitantes, en los últimos 50 años del s. xx se cuentan más de 26 mujeres y 13 hombres entre consolidadas y no consolidadas.

SU MARQUESADO

El Marquesado de Mancera, es un título nobiliario español creado el 17 de Julio de 1623 por el rey Felipe IV a favor de Pedro de Toledo y Leiva VI Señor de Mancera y de las 5 Villas.

Según los datos históricos de que disponemos, su origen se desarrolló de la siguiente forma: D. García Álvarez de Toledo primogénito de D. Fernando Álvarez de Toledo y Sarmiento, vivió entre los años 1424 y 1488 y fue 2.º Conde de Alba entre 1464 y 1469; después fue 1.º Duque de Alba entre 1469 y 1488 además de poseer los títulos de Marqués de Coria, Conde de Salvatierra y V Señor de Valdecornejo entre otros.

Este señor, antes de morir funda el Mayorazgo de las villas de Manzera de Suso (entonces nuestro pueblo se llamaba así) y lo forman además, Salmoral, Narros del Castillo, San Miguel de Serrezuela y Gallegos de Solmirón.

En Mayo de 1488 –antes de morir– en su testamento, asigna este mayorazgo a su hijo: D. Pedro Álvarez de Toledo y Enríquez que después funda el Señorío de Mancera y el Señorío de las 5 Villas.

A D. Pedro, le sigue su hijo D. Pedro Álvarez de Toledo y Ayala y a este, su hermano Enrique Álvarez de Toledo y Ayala que naturalmente fue 3.º Señor de Mancera y de las 5 Villas, le sustituye su segundo hijo D. Luis Álvarez de Toledo y Mendoza que ya es 4.º Señor de Mancera y de las 5 Villas. A D. Luis, le sigue su hijo D. Enrique Álvarez de Toledo y Leiva que ya es el 5.º Señor, pero este hombre, a los 18 años, renuncia al señorío y profesa como Carmelita descalzo, le sustituye su hermano **D. Pedro Álvarez de Toledo y Leiva** 6.º Señor de las 5 Villas. Coincide su tiempo con el reinado de Felipe IV de España que le concede el título de **MARQUÉS DE MANCERA**. Después el rey Carlos II le concede a su hijo, **Antonio Sebastián** el titulo de **GRANDE DE ESPAÑA,** personal el 17/02/1687 y perpetuo el 2/10/1692.

Veamos pues, con detalle la historia y el desarrollo, del señorío y marquesado de Mancera.

SEÑORIO DE MANCERA DE ABAJO Y DE LAS CINCO VILLAS

0. D. García Álvarez de Toledo y Carrillo   1.º Duque de Alba (1424-1488)
1. D. Pedro Álvarez de Toledo y Enríquez   1.º Sr de las 5 Villas (1484-1553)
2. D. Pedro Álvarez de Toledo y Ayala   2.º Sr de las 5 Villas (-   )
3. D. Enrique Álvarez de Toledo y Ayala   3.º Sr de las 5 Villas (1552-   )
4. D. Luis Álvarez de Toledo y Mendoza   4.º Sr de las 5 Villas (-1603)
5. D. Enrique Álvarez de Toledo y Leiva   5.º Sr de las 5 Villas (1598-   )

MARQUESES DE MANCERA

	Años	
I. D. Pedro Álvarez de Toledo y Leiva	1623-1654	31
II. D. Antonio Sebastián Alv. de T. y Salazar	1654-1715	61
III. D. Pedro Sarmiento y Toledo	1715-1721	6
IV. D.ª Mariana Encarnación Eraso S. de Vargas	1721-1748	27
V. D.ª Joaquina Álvarez de T. Sarmiento	1748-1758	10
VI. D. Joaquín M.ª Pimentel y Álvarez de Toledo	1758-1792	34
VII. D.ª M.ª Petronila de Alcántara Pimentel Cernesio	1792-1802	10
VIII. D. Manuel Antonio Fer. de Cord. y Pimentel	1802-1805	3
IX. D. Joaquín Fer. de Cord. Pacheco Téllez	1848-1871	23
X. D. Alfonso F. de C. Álvarez de las Asturias	1871-1903	32
XI. D. Joaquín Fernández P.de Alcántara F. de C	1903-1957	54
XII. D. Gonzalo Alonso F. de C. y Larios	1959-2013	54
XIII. D.ª Marina F. de C. y Hohenlohe Langenburg	2014-	

0. D. GARCÍA ÁLVAREZ DE TOLEDO Y CARRILLO 1/2

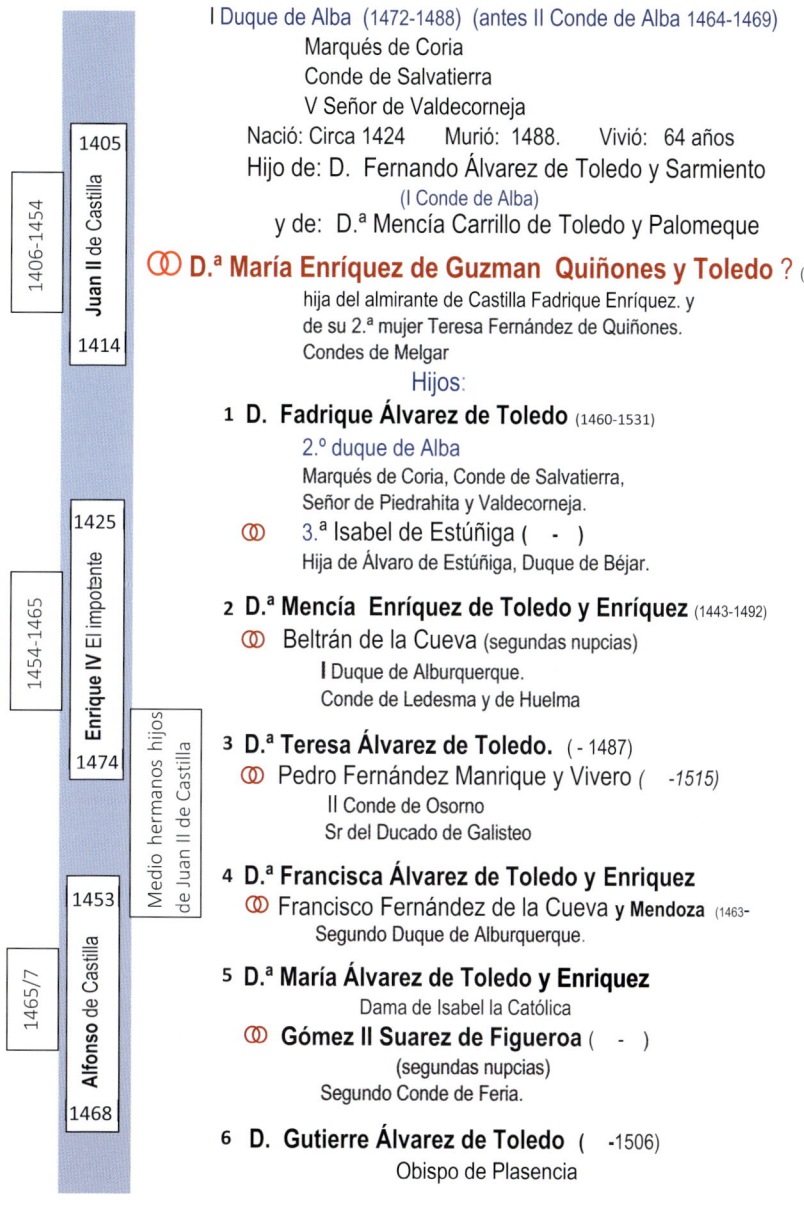

I Duque de Alba (1472-1488) (antes II Conde de Alba 1464-1469)

Marqués de Coria

Conde de Salvatierra

V Señor de Valdecorneja

Nació: Circa 1424   Murió: 1488.   Vivió: 64 años

Hijo de: D. Fernando Álvarez de Toledo y Sarmiento

(I Conde de Alba)

y de: D.ª Mencía Carrillo de Toledo y Palomeque

Ⓧ **D.ª María Enríquez de Guzman Quiñones y Toledo** ? (1447)

hija del almirante de Castilla Fadrique Enríquez. y

de su 2.ª mujer Teresa Fernández de Quiñones.

Condes de Melgar

Hijos:

1 **D. Fadrique Álvarez de Toledo** (1460-1531)

2.º duque de Alba

Marqués de Coria, Conde de Salvatierra,

Señor de Piedrahita y Valdecorneja.

Ⓧ 3.ª Isabel de Estúñiga (-)

Hija de Álvaro de Estúñiga, Duque de Béjar.

2 **D.ª Mencía Enríquez de Toledo y Enríquez** (1443-1492)

Ⓧ Beltrán de la Cueva (segundas nupcias)

I Duque de Alburquerque.

Conde de Ledesma y de Huelma

3 **D.ª Teresa Álvarez de Toledo.** (- 1487)

Ⓧ Pedro Fernández Manrique y Vivero (-1515)

II Conde de Osorno

Sr del Ducado de Galisteo

4 **D.ª Francisca Álvarez de Toledo y Enriquez**

Ⓧ Francisco Fernández de la Cueva y **Mendoza** (1463-

Segundo Duque de Alburquerque.

5 **D.ª María Álvarez de Toledo y Enriquez**

Dama de Isabel la Católica

Ⓧ **Gómez II Suarez de Figueroa** (-)

(segundas nupcias)

Segundo Conde de Feria.

6 **D. Gutierre Álvarez de Toledo** (-1506)

Obispo de Plasencia

1405

Juan II de Castilla

1414

1406-1454

1425

Enrique IV El impotente

1474

1454-1465

Medio hermanos hijos de Juan II de Castilla

1453

Alfonso de Castilla

1468

1465/7

2/2

(Timeline sidebar:)
1467-1474 · Enrique IV El impotente — 1425 · 1474
Medio hermano de Isabel la Católica
1474 - 1504 · Isabel La Católica — 1451 · 1504

7 D. García Álvarez de Toledo y Enríquez (-)
Señor de la Horcajada
∞ Francisca de Solís. (-)
Hija de Gutierre de Cáceres Solís
I Conde de Coria
Y de Francisca de Toledo
de los condes de Oropesa

8 D. Pedro Álvarez de Toledo y Enríquez (-)
1.º Señor de las cinco Villas
1.º Señor de Mancera
∞ Leonor de Ayala. (-)
Hija de Pedro López de Ayala,
Comendador de Mora en la orden de Santiago.
y de María Dávalos

9 D. Fernando Álvarez de Toledo y Enríquez (-)
I Señor de Villoria
Comendador mayor de León en la orden de Santiago
Origen de la casa: Condes de Ayala
1 ∞ M.ª de Rojas y Pereira (-)
hija de Sancho de Rojas
Sr de Monzón y Cabia
Tuvieron seis hijos:
García Álvarez de Toledo (murió soltero)
Sancho que después se llamó: García Álvarez de Tol.
Fadrique Álvarez de Toledo –clavero de Alcántara–
María Álvarez de Toledo y Rojas ⟩1508
  ∞ **Diego Colón y Moniz Perestello.**
  (hijo de Cristóbal Colón)
  Virrey de las Indias Almirante de la mar Océana
  II Gobernador de las Indias.
Teresa Álvarez de Toledo
  ∞ Diego del Águila Sr de Villaviciosa.
Ana Álvarez de Toledo
  ∞ Juan Pacheco Primogénito de la casa de Cerralvo
2 ∞ Aldonza Pimentel
3 ∞ Isabel Pimentel
Tuvieron seis hijos:

A D. García, le sucede su hijo: Pedro Álvarez de Toledo Enríquez

BIOGRAFÍA DE D. GARCÍA ÁLVAREZ DE TOLEDO

D. García Álvarez de Toledo primogénito de Fernando Álvarez de Toledo y Sarmiento, vivió entre los años 1424 y 1488. Segundo Conde de Alba, entre (1464-1469) y primer Duque de Alba (1469-1488); fue también Marqués de Coria, Conde de Salvatierra y V. Sr. de Valdecorneja.

Aunque se desconocen los datos concretos de su infancia, se supone que recibió la educación militar y caballeresca inherente a su estado nobiliario. De hecho, durante el gobierno de su padre en la entonces casa condal, siendo un adolescente, ya dio muestras de su ímpetu guerrero y militar. El cronista *Alonso de Palencia* relata la rebelión de García contra Juan II en 1451 (él tenía entonces 25 años) cuando el monarca y su valido –Álvaro de Luna– encarcelaron a su padre. el conde Fernando, acusado de rebelión y confiscándole el castillo y la villa de Alba de Tormes.

Así describe Palencia (crónica de Enrique IV I. p. 38) la primera acción militar del futuro Duque de Alba: Hizo tantos estragos con sus correrías y talas por el territorio circunvecino, en venganza de la prisión de su padre, que llegó a concebir esperanzas de libertarle, y lo hubiera conseguido, [...] a no haberlo estorbado el rey Juan de Castilla.

Al morir Álvaro de Luna, en 1453 y el propio rey Juan II en 1454 el nuevo rey Enrique IV, quiso tener un inicio de reinado tranquilo.

No obstante, careciendo de carácter y de buen juicio, Enrique «El impotente» –llamado así, por su incapacidad para dar un heredero– delegó su gobierno en privados de origen humilde que, por su condición, levantaron quejas entre la nobleza.

El I conde de Alba fue liberado; con el cambio de reinado, y junto a su hijo, participó en los años siguientes, en las campañas contra el reino de Granada –años 1455 y 1456–, destacando la acción de ambos, padre e hijo, en el cerco de Alcalá Real el 15 de junio del año 1456.

Con la muerte de su padre en 1464, García heredó la dignidad condal y también su gran influencia política en aquella Castilla y mantuvo la lealtad al rey. Así en 1465 fue uno de los pocos nobles que permanecieron leales al rey Enrique IV, tras la proclamación de su hermano Alfonso como rey en la llamada *Farsa de Ávila*.

Pero su lealtad, tenía letra pequeña, y su actitud se mantuvo un tanto ambigua basculando entre los dos bandos a la búsqueda de mayores ganancias territoriales y rentistas. Como ejemplo, en Julio de 1465, dispuso de 800 soldados que bajo su dirección participaron en el cerco de Simancas a favor de Enrique IV, compartiendo filas con el marqués de Astorga o con el marqués de Santillana –hijo del poeta Iñigo de Mendoza– En cambio, no participó en la segunda batalla de Olmedo en agosto de 1467, en la que sí estuvieron el resto de miembros de la nobleza enriqueña.

A pesar de que existen indicios de sus coqueteos con el bando alfonsino, el conde de Alba fue uno de los presentes en el acto de reconciliación de Enrique IV con sus notables, lo que le valió que más tarde, su título de Alba fuera elevado a la dignidad Ducal.

Fue tan grande el poder adquirido por el II Conde de Alba, que la nobleza castellana celosa, instó al rey a qué si quería alcanzar un acuerdo de paz duradero, le arrebatara las tierras del Sur de la sierra de Gredos. No en vano, la decisión del rey Enrique, recogida en el *tratado de los toros de Guisando*, buscaba ser ecuánime –posiblemente así se evitó una nueva guerra civil– e incluía la renuncia de García Álvarez de Toledo de algunas de sus tierras a cambio del rango de Duque y de los derechos sobre Coria en Cáceres. Así en 1469 su título de Alba, fue elevado a la dignidad ducal.

En Los años siguientes, el nuevo Duque, continuó sirviendo a Enrique IV en diferentes aspectos políticos, a esta carrera ascendente, contribuyó su matrimonio con María Enríquez –hija del Almirante Fadrique Enríquez y de su segunda mujer, Teresa de Quiñones. Esta circunstancia, le emparentaba con la casa real, al ser su esposa, media hermana de Juana Enríquez esposa de Juan II Rey de Aragón y madre del futuro Rey Católico.

Por si ello fuera poco, la política matrimonial de los duques de Alba, sirvió para establecer una red de alianzas en la nobleza castellana, alianzas que, por supuesto, siempre beneficiaron a García Álvarez de Toledo en su preeminencia política.

En 1469, –a pesar de su lealtad a Enrique IV, fue uno de los nobles del reino que asistieron al enlace entre Isabel de Castilla y Fernando de Aragón, puesto que era primo del futuro Rey católico.

A esta alianza por intereses nobiliarios, la siguió un total apoyo a los nuevos reyes después del fallecimiento de Enrique IV en 1474. Tal vez guiados por el parentesco existente entre el duque D. García y el rey católico, en la primavera de 1475, fue enviado por Fernando en compañía del Duque de Nájera, Pedro Manrique, a que tratasen de apaciguar los ánimos del arzobispo Carrillo, que súbitamente había pasado de ser el gran valedor de Isabel y Fernando a abandonar su causa. Esta negativa del arzobispo, parece que produjo algunas dudas en el Duque D. García, sobre que bando seguir en el conflicto recién iniciado.

El cronista *Bernáldez* expresa como Alfonso V de Portugal días antes de iniciar su invasión, realizó numerosos obsequios y presentes a algunos caballeros de la nobleza castellana para que apoyaran su guerra. El Duque de Alba estaba entre ellos:

> *E ellos, assi los de castilla como los de Andalucía, o la mayor parte de ellos, recibieron lo que les envió [i.e, Alfonso V de Portugal], con intención algunos de le servir, otros estar a «viva quien vence», y entanto no le ofender; otros con intención de dar guerra con su esmo dinero, assi como fizo el Duque de Alba, D. García, que era casado con una tía (hermana de la madre) del rey D. Fernando. (Bernáldez, Memorias, ed. Cit., p. 48)*

Todas las fuentes parecen estar de acuerdo en que el parentesco que le unía al rey Fernando, fue decisivo para que pelease por su causa. Así, el Duque de Alba destacó en el asedio de Zamora, verano de 1475 donde dirigió con notable acierto las piezas de artillería del ejercito castellano.

La ofensiva de Alfonso de Portugal, obligó al Duque de Alba a mantener el asedio a Zamora hasta la primavera del año siguiente, lapso de tiempo en que D. García participó también con éxito en la toma de Castronuño, en abril de 1476, fortaleza en poder del temido Pedro de Avendaño, uno de los más férreos opositores a los Reyes Católicos.

Pocos meses más tarde, el Duque de Alba se halló en la famosa batalla de Toro, dirigiendo la vanguardia de las tropas castellanas, en la misma batalla, donde el Conde de Alba de Liste –el anciano– Enrique Enríquez, fue hecho prisionero por los portugueses. Después de acompañar a los reyes católicos a Sevilla, donde el marqués de Cádiz, Rodrigo Ponce de León, juró obediencia a los monarcas, el duque de Alba vuelve a participar en la guerra contra Portugal en octubre de 1479.Tambien estuvo al frente de las tropas señoriales en el asedio a la fortaleza de Miranda del Castañar que había sido tomada por los partidarios de Alfonso V. Como colofón a todas estas acciones, los Reyes Católicos le concedieron los títulos de Conde de Salvatierra y de Marqués de Coria en el año 1479, consolidando a la casa de Alba como uno de los estados señoriales más grandiosos de la nobleza peninsular.

Pacificado el reino y aceptados los Reyes Católicos como monarcas soberanos, el duque de Alba participa en las campañas contra el reino musulmán de Granada iniciadas en 1485 y que en 1492 finalizarían con la conquista del mismo.

Así, en abril de 1485 en compañía de su hijo heredero, D. Fadríque tomó parte en la campaña militar de Val de Cártama al frente de sus propias tropas señoriales, como el resto de los nobles castellanos, sin embargo, García no pudo ver completada la conquista Granadina, pues falleció en 1488.

MATRIMONIO Y DESCENDENCIA

D. García Álvarez de Toledo, contrajo matrimonio en 1447 con **María Enríquez de Guzmán Quiñones y Toledo,** hija de Fadrique Enriquez II Almitante de Castilla y de Teresa Fernández de Quiñones Condes de Melgar.

Tuvieron nueve hijos:

1. **Fadrique Álvarez de Toledo** (1460-1531)

   II Duque de Alba, Marqués de Coria, Conde de Salvatierra,
   Sr de Piedrahita y Valdecorneja.
   Casó con Isabel de Estúñiga
   hija de Álvaro de Estúñiga Duque de Béjar.

2. **Mencía Enríquez de Toledo y Enríquez** (1443-1492)

   (Segunda esposa de Beltrán de la Cueva)
   I duque de Alburquerque, I Conde de Ledesma y de Huelma
   que fue valido de Enrique IV de Castilla siendo su hijo
   García de la Cueva y Toledo
   que falleció soltero sin descendencia.

3. **Teresa A. de Toledo** († 1487). En 1482

   Caso con Pedro Fernández Manrique y Vivero († 1515)
   II Conde de Osorno, Sr del Ducado de Galisteo
   hijo de Gabriel Fernández Manrique
   y de Aldonza de Vivero.

4. **Francisca Álvarez de Toledo** También llamada

   Francisca de Toledo y Enríquez que se casó en 1476 con
   Francisco I de la Cueva y Mendoza II Duque de Alburquerque
   hijo de Beltrán de la Cueva I Duque de Alburquerque
   y de su primera esposa Mancía de Mendoza y luna,
   con descendencia en los Duques de Alburquerque,
   Duques de Medinaceli y Marqueses de los Vélez.

5. **María Álvarez de Toledo** o María Enríquez de Toledo.

   Dama de la Reina Isabel La Católica. Fue desde 1491 la segunda
   mujer de Gómez II Suarez de Figueroa († 1505) II Conde de Feria.
   Su hija, María de Figueroa y Álvarez de Toledo casó
   con Francisco Álvarez de Figueroa y Pacheco.
   III Conde de Oropesa.

6. **Gutierre Álvarez de Toledo** († 1506)

Fue Obispo de Plasencia.

7. **García Álvarez de Toledo y Enríquez**

I Sr de la Horcajada en Ávila que se casó con Francisca de Solís hija de Gutierre de Cáceres Solís I Conde de Coria y de Francisca de Toledo de los Condes de Oropesa. Con descendencia.

8. **Pedro Álvarez de Toledo y Enríquez** (1484-1506 †)

I.º Sr de Mancera, Salmoral, Narros del Castillo, San Miguel de Serrezuela, Montalvo y Gallegos de Solmirón. (Diócesis de Avila)
Se casó con Leonor de Ayala hija de Pedro López de Ayala Comendador de mora y de María Dávalos con ascendencia en los Sres. de Mancera y luego Marqueses de Mancera.

9. **Fernando Álvarez de Toledo y Enriquez.**

I Señor de Villoria, Comendador Mayor de León en la Orden de Santiago, Gran Halconero de Castilla. Casó tres veces:

⚭ **1.ª María de Rojas y Pereira**

hija de Sancho de Rojas, Sr de Monzón y Cabia.
Con quien tuvo seis hijos:

1. García Álvarez de Toledo –Murió soltero–
2. Sancho que después se llamó: García Álvarez de Toledo.
3. Fadrique Álvarez de Toledo Clavero de Alcántara.
4. María Álvarez de Toledo y Rojas esposa de:

   Diego de Colón y Moniz Perestrello –hijo de Cristóbal Colón–

   II Virrey de las Indias
   II Gobernador de las Indias
   II Almirante de la mar océano

5. Teresa Álvarez de Toledo

   Diego del Águila
   Sr de Villaviciosa.

6. Ana Álvarez de Toledo casó con Juan Pacheco

   Primogénito de la casa de Cerralvo.

∞ **2.ª Aldonza Pimentel**

∞ **3.ª Isabel Pimentel**

hija de Luis Fernández Manrique de Lara
II Marqués de Aguilar de Campoo y conde de Castañeda y de Ana
Pimentel

Con quien tuvo 6 hijos:

1. Juan Álvarez de Toledo († soltero).
2. Antonio Álvarez de Toledo
   Fraile de la orden de predicadores.
3. Aldonza Álvarez de Toledo
   mujer de Juan de Fonseca.
4. Inés Álvarez de Toledo
   casó con Luis Hurtado de Mendoza
5. Francisca Álvarez de Toledo
   mujer del comendador Zapata
6. María Álvarez de Toledo
   casó con Gómez de Cárdenas.

Fue sucedido en sus estados por su hijo primogénito Fadríque Álvarez de Toledo segundo duque de Alba también destacado militar de la época que participó en la guerra de Granada, en la guerra del Rosellón contra Francia y en la incorporación de Navarra a la corona de Castilla (1512) siempre al lado del rey católico.

D. García, mandó construir su sepulcro en el monasterio jerónimo de San Leonardo situado en su villa de Alba de Tormes y allí fue sepultado.

Por su testamento, sabemos que en general, los títulos y la mayor parte de sus bienes pasan a su primogénito D. Fadrique que será 2.º Duque de Alba, pero su hijo menor D. **Pedro, hereda y funda el mayorazgo de las villas de Manzera de Suso –hoy de abajo– Salmoral, Narros del Castillo, San Miguel de Serrezuela, y Gallegos de Solmirón y será el 1.º Señor de las Cinco Villas.**

D. García fue coetáneo con los monarcas: Juan II *de Castilla*, Enrique IV *El impotente*, y Alfonso *de Castilla*.

MECENAZGO CULTURAL

Antes hemos dicho que D. García, fue un importante mecenas cultural de hecho, la casa Ducal en Alba de Tormes, se convirtió en una de las cortes nobiliarias más destacadas de Castilla en la que convivían poetas, músicos y artistas llegados de todas Partes de Europa En algunos cancioneros castellanos de los siglos xv y xvi pueden leerse unas coplas atribuidas a un «Duque de Alba», además de algunos versos como «invenciones y letras de justadores», de los que se llevaban en la cimera del yelmo con ocasión de alguna fiesta caballeresca. Como indica Vicenç Beltrán [op. cit., p. 19] la popularidad de estas composiciones durante el reinado de Enrique IV, decanta la balanza hacia el Duque D. García y no a su hijo Fadrique. La fama como poeta de García Álvarez de Toledo debió ser amplia ya que incluso llegó a atribuírsele la bella canción «nunca fue pena mayor» una de las más famosas de toda la lírica cancioneril, aunque el fundamento de su paternidad no esté del todo claro. Si lo está en cambio esta típica canción de amor –que se adjunta– y que figura en el cancionero general de Hernando del Castillo (1511) un ejemplo de la actividad literaria emanada de la pluma del Duque.

> Tú, triste Esperança mía,
> conviene que desesperes,
> pues que mi Ventura guía
> la contra de lo que quieres.
>
> Y a tu muy linda color
> dale tintura de duelo,
> pues no se espera consuelo
> que consuele tu dolor.
>
> Mas espera cada día
> crescer el mal de que mueres,
> pues que mi Ventura guía
> la contra de lo que quieres.

(*Cancionero general* 1511, f. 123v)

Otro de los factores para identificar a García Álvarez de Toledo como el «duque de Alba» de los cancioneros castellanos reside en su labor de mecenazgo cultural. A través de las páginas de estas colecciones poéticas puede espigarse la relación que mantuvo con otros autores cancioneriles de la época de Enrique IV, como Juan Barba, Juan Álvarez Gato, Tapia y el comendador Román.

Además, hay que tener en cuenta que durante el gobierno de D. García en la casa ducal, la ciudad de Alba de Tormes se convirtió en una de las cortes nobiliarias más destacadas de la Castilla bajomedieval, en la que convivían músicos y artistas llegados de todas partes de Europa.

Durante la remodelación del castillo de Alba de Tormes, y bajo la anuencia directa del primer Duque de Alba, trabajaron artistas como Juan Carreras y Enrique Egas. Por lo que respecta a la música, la corte del Duque de Alba contó con los mejores de la época: el castellano Juan de la Encina, y, sobre todo el flamenco Johannes de Vrrede (cuyo nombre castellanizado fue Juan de Urreda), estuvo al servicio del Duque, hasta que, en 1477, se incorporó a la capilla del rey Fernando El Católico. De esta forma, García Álvarez de Toledo ha pasado a la historia como uno de los principales mecenas del humanismo castellano, labor que sería continuada por sus descendientes.

TESTAMENTO DE D. GARCIA

Esta es una parte del testamento que D. García dejó en mayo del año 1488:

. 1488, MAYO, 22 Y 26
Cláusulas del testamento y codicilo de Don García Álvarez de Toledo, duque de Alba.
E. COP. Moderna inserta en un cuad. De 13 hojas de folio.
Archivo de la Casa de Alba, c. 143-15 y c. 304-22.
Cit. En catálogo de la exposición «Salamanca en la casa de Alba», N.º 27.
MONSALVO ANTÓN. J. M., El sistema político concejil, Pag. 51.

«Primeramente quiero, mando y es mi voluntad, que mi amado fijo Don Fadrique haya el mayorazgo de mi señorío de Valdecorneja en el qual entran las mis villas de Piedrahita y El Barco, El Mirón, é la Horcajada, é de Bohoyo, y el lugar de San Miguel de Corneja con todas sus fortalezas é con todos sus lugares, é tierras, y vasallos, é rentas, é pechos, é derechos, é jurisdicción Civil y Criminal de las villas y lugares suso declaradas.................., que le yo dexo, el Mayorazgo de las dichas mis villas de Alba, é Granada ë la mi ciudad de Coria, según de yuso será contenido.

..

Otrosi quiero, y mando, que Don Gutierre mi fijo haya, y herede la mi villa de Salvatierra, con su fortaleza, y vasallos, y lugares, é tierra, é rentas, é pechos, é derechos, é jurisdicción civil y criminal por titulo de Mayorazgo..

Y quiero, y mando, que Don Enrique mi fijo haya y herede la mi villa de Villoria, con sus vasallos, é tierras, é términos, y rentas y pechos y derechos, é jurisdicción civil, y criminal, é censos, é tributos, con todos los otros heredamientos que yo tengo en la dicha villa, para que lo haya todo por título de Mayorazgo.

Otrosi quiero, é mando, que Don Pedro mi fijo haya, y herede las mis villas de Salmoral, é Narros del Castillo, é Manzera de Yuso, é San Miguel de Serrezuela, é gallegos de Solmirón, con sus tierras, términos y vasallos, y rentas, pechos, é derechos, é jurisdicción civil, y criminal de las dichas villas, é con censos, é tributos, é con todos los otros heredamientos que yo tengo en las dichas villas, y en cada una de ellas por título de Mayorazgo; é después de el, su Fijo mayor legítimo, y de legitimo matrimonio nacido, é nieto, ó biznieto, é sus descendientes por orden.

Otrosi quiero y mando, que Don García mi fijo haya la mi villa de San Felices de los Gallegos, con su fortaleza y con todos sus lugares, y tierras y vasallos, é pechos, é derechos, é jurisdicción civil y criminal de la dicha mi villa, y de todos sus términos según que yo lo he, y tengo por titulo de Mayorazgo;

....

Otrosi mando a mi fija Doña María Enriquez dos quentos de maravedís por su legítima, además de otras cosas que yo le mando en mi testamento.........................

De Coca, XXV de Octubre   *EL DUQUE MARQUES.*

(RÚBRICA)

Le sucede pues su hijo: Pedro Álvarez de Toledo y Enríquez.

SEÑORÍO DE MANCERA Y DE LAS CINCO VILLAS

MANCERA DE ABAJO...

Salmoral

Naharros del Castillo

San Miguel de Serrezuela

Gallegos de Solmirón

SEÑORÍO DE LAS CINCO VILLAS

1. D. PEDRO ÁLVAREZ DE TOLEDO Y ENRIQUEZ

1474 - 1504	Isabel La Católica 1451 1504
1506-1516	Fernando El Católico 1452 1516
1505-1518	Juana *la loca* 1479 1555
1518-1556	Carlos I 1500 1558
1543-1598	Felipe II 1527 1598

1.º Señor de las cinco villas (1488-   )

1.º Señor de Mancera

(Su padre había instituido el mayorazgo)

Comendador de Alange en la orden militar de Santiago

Comendador y condestable de castilla

Hijo de: D. García Alvarez de Toledo

1.º Duque de Alba

1.º Señor de Mancera

y de: D.ª Maria Enríquez de Guzmán Toledo

(De los condes de Melgar)

Nació: el año **1484** en Alba de Tormes

Murió: el año **1553** en Florencia (Italia) Vivió: 69 años

⚭ D.ª Leonor de Ayala Dávalos

Hija de Pedro López de Ayala

Comendador de Mora.y trece de la Orden de Santiago.

y de María Dávalos

Hijos:

1. **D. Pedro de Toledo y Ayala**
   (2.º señor de las cinco Villas.)
   Comendador de alhange
   Fernando de Toledo A. (hijo natural)

2. **D. Juan de Toledo y Ayala**
   Obispo electo de Guadix
   Obispo de Cádiz, lo rechazó.

3. **D. Enrique de Toledo**
   (3.º señor de las cinco Villas)
   Gentil hombre de Cámara del Emperador Carlos V
   . . .

4. **D. Miguel de Toledo** († Joven)

5. **D. Jerónimo de Toledo** († Joven)

6. **D.ª Maria de Toledo.**
   ⚭ D. Luis Sánchez. (Señor de Segura)

Renunció a su parte en la herencia paterna a favor de su hermano
Fadrique a cambio de recibir 300 vasallos y una renta anual de 240.000
maravedies, por sentencia dictada el 15 de Mayo de 1492.

Construyó el palacio de Mancera

Le sucede su hijo: Pedro Álvarez de Toledo y Ayala

1. D. PEDRO ÁLVAREZ DE TOLEDO Y ENRIQUEZ
I Sr de Mancera y de las Cinco Villas

SEMBLANZA

Don Pedro Álvarez de Toledo y Enríquez, fue un noble español que vivió entre los siglos xv y xvi que era hijo de D. García Álvarez de Toledo I Duque de Alba y Señor del mayorazgo que abarcaba todos los pueblos que después formarían el Señorío de las cinco villas.

Por el testamento de su padre D. García, sabemos que los títulos y mayoría de bienes pasan a su primogénito D. Fadrique pero que su hijo menor **D. Pedro, hereda las villas de Mancera de Abajo, Salmoral, Narros del Castillo, San Miguel de Serrezuela y Gallegos de Sobrinos y funda en ellas, el mayorazgo que le va a convertir en el primer Sr de Mancera y primer Sr. de las cinco Villas.**

Después de fundar el mayorazgo, decide establecerse en nuestro pueblo y acomete la construcción del Palacio de Mancera que en principio parece ser que no reunía las condiciones legales pertinentes porque en Septiembre de 1498, los Reyes Católicos, se enteran que D. Pedro de Toledo está construyendo una fortaleza en Mancera de abajo, y ordenan al corregidor de Madrigal que se traslade allí y haga suspender las obras por sospechar que podría ser una fortaleza, sin tener permiso para ello, y porque «*si la fiziese podria venir mucho daño a los lugares comarcanos*».

Con toda seguridad se trata del palacio de nuestro pueblo del que aún quedan los muros exteriores situados entre la calle del convento y el «caño» que se construyó desviando parte del agua del río Zamplón en las «entreaguas» para mover el molino al servicio de palacio y del pueblo.

En el citado documento, no se menciona que D. Pedro de Toledo sea el Sr. de las cinco Villas título que obtendría con posterioridad a esta fecha. hay un segundo documento posterior a la visita del corregidor de Madrigal por la que los Reyes ordenan a D. Pedro, que guarde la suspensión de las obras de la fortaleza de Mancera hasta que presente, si la tiene, licencia para hacerla ante el consejo.

«*Don Femando e doña Ysabel, etc.*

A vos, el nuestro corregidor de la villa de Madrigal, salud e graçia.

Sepades que a nos es fecha relación que don Pedro de Toledo diz que faze en el logar de Manzera una casa fuerte, o que lleva tal comienço que prestamente se podría fiazer fortaleza, la qual diz que fiaze syn tener para ello nuestra licençia e facultad. E que, sy la fiziese podría venir mucho daño a los lugares comarcanos. E porque en lo tal a nos pertenesçe proveher e remediar sobrello, mandamos dar esta nuestra carta para vos en la dicha razón.

Por la qual vos mandamos que luego que, con ella fuerdes requerido, vades al dicho lugar de Manzera, donde el dicho don Pedro faze la dicha casa, e veades por vista de ojos la obra que en ella faze e, sy fallardes que es fortaleza o lleva comienço de fortaleza o casa fuerte, o que sobre lo que está en ella labrado se podría fazer fortaleza e que la faze syn nuestra liçençia, fagáys suspender, e nos por la presente suspendemos, la dicha obra, e mandéys, e nos por la prensente mandamos, al dicho don Pedro de Toledo e a los pedreros e canteros e alvanires e otros ofiçiales que luego çesen la dicha obra e non fagan nin labren más en ella, so las penas contenidas en las leyes de nuestros reynos contra los que labran fortaleza, e so las penas que vos de nuestra parte les pusyerdes, las quales nos por la presente les ponemos e avemos por puestas. E vos ynforméys en qué lugar faze la dicha obra e qué dañoe perjuyzio reçibenlos lugares çercanos a ella en que allí se faga la dicha casa e qué es lo que más cunple a nuestro serviçio e al bien de la tierra. E la ynformaçión avida e la verdad sabida, enbialda ante nos al nuestro Consejo, juntamente con vuestro paresçer e del estado en que está la dicha obra, para que, visto, se faga lo que fuere justiçia.

Para lo qual todo que dicho es vos damos e asygnamos término de çinco días. E que ayades e llevedes cada un día dellos para vuestro salario e mantenimiento çiento e çinquenta marave-dís, los quales ayades e cobredes de los que en lo susodicho hallardes culpados e de sus bienes. Para los quales aver e cobrar vos damos asymismo poder conplido, segund dicho es.

Dada en Valladolid, a doze días de setienbre de XCVIII años».

(Documentación Medieval Abulense en el Registro General del Sello Vol. XIV)

Este es el documento antes citado, (facilitado por las páginas de Salmoral) El corregidor de Madrigal fue, pero no le debieron hacer mucho caso pues hay un documento posterior de 9 de octubre de 1498 en la que se reitera la prohibición y se apercibe a los *canteros* y *pedreros* bajo fuerte multa:

«Por que vos mandamos que guardéys la suspensyón que por el dicho corregidor de la dicha villa de Madrigal vos fue puesto, e non labredes nin hedefiquedes nin fagades la-brar nin hedeficar más en la dicha casa fasta tanto que mostredes ante nos en el nuestro Consejo comno tovistes liçençia para labrar y edeficar. E mandamos a los dichos pedreros e canteros, e a otras qualesquier personas a quien toca, so pena de la nuestra merçed e de çinquenta mill maravedís a cada uno para la nuestra cámara, que non labren nin hedefiquen más en la dicha casa fuerte nin fagan en ella cosa alguna, con aperçibimiento que vos fazemos y les fazemos que, sy más en ella labraren o vos fizierdes labrar, que man-daremos derribar todo lo que en la dicha casa está fecho e mandaremos esecutar la dicha pena en los dichos canteros e maestros que en ella labraren».

La cuestión es que el palacio de los Toledo en Mancera de Abajo, terminó construyéndose y quinientos años después sus ruinas son fieles testimonio.

Parece ser, que este palacio, gozó de bastante esplendor durante los s. XVI y XVII y que con el tiempo fue disminuyendo hasta quedar abandonado. Una noche del mes de Julio del año 1809 los franceses que escapaban de retirada tras perder una batalla en la guerra de la Independencia además de esquilmar a los habitantes de Mancera con amenazas y torturas públicas en la plaza, para apropiarse de bienes y ganado, lo incendiaron quemando todos los enseres, más vigas techos, etc. etc. siendo desde entonces hasta hoy, unas ruinas esperpénticas…

Restos del palacio de Mancera

Conviene recordar que este palacio, tiene una situación estratégica con muy buenos servicios repartidos a su alrededor, por el este, la fachada principal, que está en una de las mejores arterias del pueblo, por el norte, una huerta espléndida y el molino antes citado con abrevaderos de agua para los animales.

Por el sur, unas amplias cuadras para animales, y cocheras para carruajes además, se desvió un ramal desde el rio Zamplón a la altura de las entreaguas para que su agua moviera un molino colocado a la altura de los caños que llamamos «rodezno» que corría por el Oeste del Palacio. Por el Sur además, había una zona húmeda con arboleda que parece ser que más tarde fue el origen de una epidemia de paludismo que diezmó el número de frailes del convento y que acabaron marchándose allá por el año 1599 o 1600. Hay razones que avalan esta posibilidad porque el paludismo, lo propagan unos mosquitos llamados Anopheles que encontraban en este lugar las condiciones de calor y humedad apropiadas para su desarrollo. Por el oeste después del caño había una zona verde importante para pastar animales rodeada de una alameda que les proporcionaba la madera necesaria, con lo que se completaban todos los servicios.

Escudos en la fachada del palacio

Este palacio de los marqueses de Mancera, –semidestruido ya– fue vendido por Sr D. Joaquín Fernández de Córdoba y Osma, –Duque de Arión– casado con D.ª María de la Luz Mariátegui y Pérez de Barradas a D. Manuel García Blázquez casado con D.ª Salomé Martínez Hernández –residentes en Mancera– mediante escritura pública de compraventa realizada ante el notario del ilustre colegio de Madrid D. Luis Ávila Pla, el día 13 de marzo de 1940.

Los propietarios actuales de este palacio, son los hermanos D. Carlos Martínez García y D.ª María de los Ángeles Martínez García que son nietos y legítimos herederos de los compradores.

Los nacidos en este pueblo, desde siempre hemos soñado con su restauración… Por cierto, al rededor del palacio, hay algunas leyendas que aseguran que este, se comunicaba por un pasadizo subterráneo con el convento, otras, aseguran también que en este pasadizo puede encontrarse la imagen original que el padre de D. Luis mandó desde Flandes a su madre o a su abuela en cuya devoción se reconstruyó la iglesia de Mancera.

(Documentación Medieval Abulense en el Registro General del Sello Vol. XIV)

La vida de D. Pedro Álvarez de Toledo Transcurrió durante los reinados de: Los reyes Católicos, Juana «la loca», Carlos I y con el monarca Felipe II los últimos diez años.

MATRIMONIO Y DESCENDENCIA

Don Pedro Álvarez de Toledo y Enríquez, casó con Doña: **Leonor de Ayala Dávalos** hija de Pedro López de Ayala –Comendador de Mora y trece de la orden de Santiago–. Y de María Dávalos.

Tuvieron seis Hijos:

1. **Pedro de Toledo y Ayala**

   2.º Señor de las cinco Villas.
   Comendador de Alhange

   ■ Fernando de Toledo Hijo natural.

2. **Juan de Toledo y Ayala.**

   Obispo de Guadalix

3. **Enrique de Toledo y Ayala**

   3.º Señor de las Cinco Villas

4. **Miguel de Toledo y Ayala** († Joven)

5. **Jerónimo de Toledo y Ayala** († Joven)

6. **María de Toledo y Ayala.**

   ⚭ Luis Sánchez (Sr de Segura).

D. Pedro, renunció a parte de la herencia paterna a favor de su hermano Fadrique a cambio de recibir 300 vasallos y una renta anual de 240.000 maravedies, por sentencia dictada el 15 de Mayo de 1492.

Le sucede su hijo: Pedro Álvarez de Toledo Ayala.
2.º Señor de las cinco Villas

2. D. PEDRO ÁLVAREZ DE TOLEDO Y AYALA

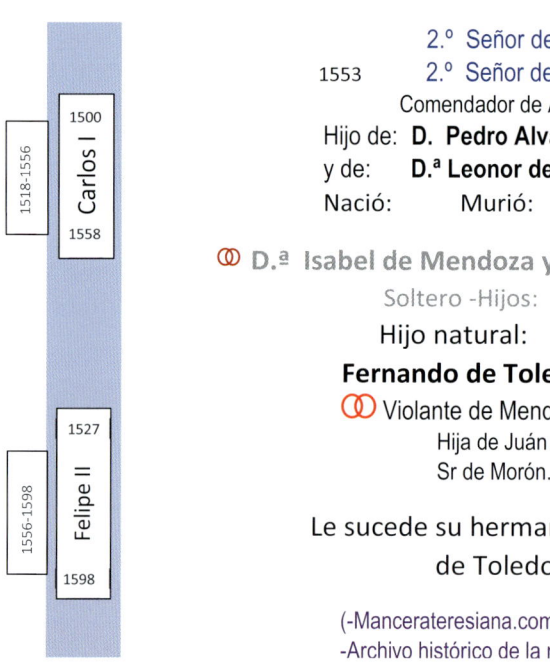

2.º Señor de las cinco Villas
1553   2.º Señor de Mancera
Comendador de Alhanje
Hijo de: **D. Pedro Alvarez de Toledo y Enriquez**
y de: **D.ª Leonor de Ayala Dávalos.**
Nació: Murió: Vivió:

⚭ D.ª Isabel de Mendoza y Enríquez ?

Soltero -Hijos:

Hijo natural:

Fernando de Toledo.

⚭ Violante de Mendoza
Hija de Juán de Mendoza
Sr de Morón.

Le sucede su hermano Enrique Álvarez
de Toledo y Ayala

(-Mancerateresiana.com/pages/figuras html
-Archivo histórico de la nobleza.)

2. PEDRO ÁLVAREZ DE TOLEDO Y AYALA
II Sr de Mancera y de las Cinco Villas

Don Pedro hereda el Señorío de las cinco villas por ser hijo de D. Pedro Álvarez de Toledo y Enríquez y de D.ª Leonor de Ayala Dávalos.

Ostentó además de los títulos de 2.º Señor de Mancera y de las Cinco Villas, el título de Comendador de Alharie.

D. Pedro fue militar destinado en los tercios españoles de Flandes

1508 Fue nombrado Almirante de la mar Océano, Virrey temporal de las indias.

1508 El ocho de Agosto fue nombrado gobernador de La Española.

1510 Se inicia la construcción del Alcázar de Colón en la ciudad de Sto. Domingo, «La casa morada» hecha por canteros españoles siguiendo el modelo del palacio de Mancera.

Coincide con los reinados de Carlos I y Felipe II.

MATRIMONIO Y DESCENDENCIA

D. Pedro no se casó, murió soltero, pero tuvo un hijo natural:

D. **Fernando de Toledo**.

Casó con **Violante de Mendoza**

Hija de Juán de Mendoza

Sr de Morón.

Le sucede su hermano Enrique Álvarez de Toledo y Ayala.
3.º Señor de las cinco villas

3. D. ENRIQUE ÁLVAREZ DE TOLEDO Y AYALA

III Sr de Mancera y de las Cinco Villas

Gentil hombre de cámara de Carlos V
Alcalde de las fortalezas de Arévalo y Vélez Málaga
Tesorero general de la Corona de Aragón
Comendador de Alange y trece de la Orden de Santiago.
Presidente del consejo de las Ordenes
VIRREY ELECTO DE NÁPOLES

Hijo de: D. Pedro Alvarez de Toledo y Enriquez
y de: D.ª Leonor de Ayala Dávalos.

Nació: 1552   Murió: Vivió:

∞ D.ª Isabel de Mendoza y Castilla

Dama de la Reina Isabel
 Hija de Diego Hurtado de Mendoza
III Señor de Gor
Señor de Boloduy y de Herrera de Valdecañas –Granada–
Caballero Mayor de Carlos V

 y de Beatriz de Mendoza

   Isabel Enriquez Noroña
     Duque del infantado
     Condes del Real
     Marques de Santillana

Hijos:

D. Luis de Toledo 4.º Señor de Mancera

D. Carlos de Toledo y Mendoza + de niño.

D.ª Juana de Toledo y Mendoza + de niña.

Le sucede su hijo Luis Álvarez de Toledo y Mendoza
4.º Señor de las cinco villas

1556-1598 · Felipe II · 1527 · 1598

1598-1621 · Felipe III · 1578 · 1621

3. D. ENRIQUE ÁLVAREZ DE TOLEDO Y AYALA
III Sr de Mancera y de las Cinco Villas

Don Enrique, hereda el Señorío de las cinco villas por ser hermano de D. Pedro Álvarez de Toledo y Ayala, ambos eran hijos de D. Pedro Álvarez de Toledo y Enríquez y de D.ª Leonor de Ayala Dávalos.

Además de los títulos de 3.º Señor de Mancera y de las Cinco Villas fue Gentil hombre de cámara de Carlos V, Alcalde de las fortalezas de Arévalo y Vélez Málaga, Tesorero general de la Corona de Aragón, Comendador de Alange y trece de la Orden de Santiago, Presidente del consejo de las Ordenes y **VIRREY ELECTO DE NÁPOLES.**

MATRIMONIO Y DESCENDENCIA

Casó con **D.ª Isabel de Mendoza y Castilla** Dama de la Reina Isabel hija de Diego Hurtado de Mendoza III Señor de Gor, Señor de Boloduy y de Herrera de Valdecañas –Granada– Caballero Mayor de Carlos V, y de Beatriz de Mendoza Isabel Enríquez Noroña, Duquesa del infantado, Condesa del Real, Marquesa de Santillana.

Tuvieron Tres hijos:

1. D. Luis de Toledo y Mendoza

   4.º Señor de Mancera

2. D. Carlos de Toledo y Mendoza († de niño).

3. D.ª Juana de Toledo y Mendoza († de niña).

Le sucede su hijo: Luis Álvarez de Toledo y Mendoza
4.º Señor de las cinco villas

4. D. LUIS ÁLVAREZ DE TOLEDO Y MENDOZA

IV Sr de Mancera y de las Cinco Villas

Comendador de Alhange
Capitán de una compañía de Guardias Viejas
Caballero de la orden de Santiago

Hijo de: **D. Enrique Álvarez de Toledo y Ayala**
3.º Sr de las Cinco Villas y 3.º Señor de Mancera

y de: **D.ª Isabel de Mendoza y Castilla** Nació:

Murió: 1603?   Vivió:

⚭ D.ª María de Toledo

Hija de Juan de Fonseca y Ayala
Sr de las Villas de Coca Alaejos y Aldonza de Toledo
y de Ana Manrique
De los II Marqueses de Aguilar de Campoo

Hijos:

1. D. **Enrique Álvarez de Toledo y Leyva**
   (5.º Sr de Mancera y de las Cinco Villas)
   Heredó el mayorazgo y titulo de Señorío
   a los 18 años renunció y tomó hábitos.
2. D. **Sancho de Castilla**   + de niño.
3. D. **Pedro A. de T. y Leiva**
   6.º Señor de Mancera y de las 5 villas.
   I Marques de Mancera
4. D.ª **Isabel de Toledo y Mendoza.**
   Carmelita descalza.Monasterio de S. José Salamanca.
5. D.ª **Luisa de Toledo** Monja agustina en el
   monasterio de Santa María de Gracia
6. D.ª **Mariana de Ayala**   + de niña.
7. D.ª **Mariana de Toledo**
   ⚭ Diego Gabriel del Águila, Sr de Villaviciosa.

⚭ D.ª Isabel de Leiva Mendoza

Hija de Sancho Martínez de Leiva
Sr de Leiva y de las villas de Baños Ameyugo y Boco.
Comendador de Nápoles, Virrey de Navarra.
General de las galeras de España
Y de Leonor de Mendoza y Leiva (Sres de Leiva)

Trasladó el convento desde Duruelo a Mancera (el 11
de Junio de 1570). Construyó la Iglesia de Mancera.

Le sucede su Hijo: Enrique Álvarez de Toledo y Leiva

1527

1543-1598   Felipe II

1598

4. D. LUIS ÁLVAREZ DE TOLEDO Y MENDOZA
IV Sr de Mancera y de las Cinco Villas

SEMBLANZA

Don Luis Álvarez de Toledo y Mendoza, es hijo de D. Enrique Álvarez de Toledo y Ayala y de D.ª Isabel de Mendoza y Castilla y hereda de su padre los Señoríos de Mancera y de las Cinco Villas. Es además Comendador de Alhange, Capitán de una compañía de guardias viejas y caballero de la Orden de Santiago.

Don Luis, que vivió en el palacio que había construido su abuelo en Mancera, fue una persona de grandes convicciones religiosas y en ellas educó a sus hijos, hasta el punto, de que tres de ellos, D. Enrique, Doña Isabel y D.ª Luisa profesaron como religiosos.

Sentía una gran devoción, por una imagen que mandó desde Flandes su padre, (para su madre o abuela), y debido a esta devoción, y con el fin de que esta virgen tuviera un lugar de culto apropiado, decidió acometer definitivamente la restauración de la iglesia que había comenzado en el año 1478; se cree, que sobre una pequeña ermita del s. XIII o XIV.

La obra, se termina en 1495 y hay documentación en el archivo diocesano que nos confirma que los gastos, han sido sufragados por D. Luis, el concejo y la propia iglesia nos dice Felisa Santos en su libro: Cuna del señorío de las Cinco Villas.

En uno de los frontales de la iglesia, se ha instalado la capilla para la imagen de N.ª Señora del Rosario que tendrá D. Luis como guía en su vida y hasta la reclamará, para que a la hora de su muerte, esté presente en su cabecera. Después… desaparece de la vida de la iglesia y otra imagen de configuración parecida ocupa su lugar en la capilla. Por cierto, que circula una leyenda que dice que dicha imagen está enterrada en un pasadizo que une el convento Con el palacio??

Los escudos de armas de D. Luis y su esposa, se pueden ver enmarcados en la parte alta de la segunda columna de la izquierda, según se entra en la iglesia.

El templo, años más tarde, a sufrido arreglos y modificaciones; así, unos veinte años después, Luis Herrera, Gerónimo Alba y Gerónimo Dalbíz rehacen el retablo mayor con el aspecto actual y posteriormente, llegaron más modificaciones, en 1540, se destruye la espadaña que soporta las campanas y se construye la torre actual. Mucho después, sufrió otros y arreglos y operaciones de mantenimiento como la construcción del atrio exterior pero que no afectaron a la estructura interior del templo.

Se da la circunstancia de que Don Luis, además, coincide en el tiempo con Santa Teresa de Jesús que funda el primer convento de frailes en Duruelo el año 1568, con la ayuda del prior Fray Antonio de Jesús y de Fray Juan de Santo Matia (más tarde conocido por San Juan de la Cruz) con el padre Lucas de Celis y con el hermano José de Cristo.

En aquellos tiempos los frailes, atendían las necesidades espirituales de la gente de los pueblos colindantes desplazándose descalzos por caminos intransitables anegados de fango agua y hielo –en tiempo de invierno– motivo por el que más tarde se les permitió poner alpargatas para que la nieve y el frio no congelaran sus pies.

Pero había algunos caballeros que con el fin de evitarles estos sacrificios o por la necesidad urgente de confesión –como dice la santa– se desplazaban a Duruelo por sus propios medios y al ver la precariedad en que vivían los frailes, les ofrecían sitios y casa mejores. Uno de estos caballeros fue D. Luis, Señor de las Cinco Villas, que mostró a la Santa la iglesia de Mancera y le causó muy buena impresión. Suyas son esas palabras de admiración: *«Esta iglesia, tiene un retablo que yo no he visto en mi vida y otras muchas personas dicen lo mismo»* El padre Fray Antonio de Jesús, que tenía bastantes ofrecimientos de los pueblos colindantes para trasladar el convento, también visitó Mancera a petición de D. Luis, vio la imagen de Nuestra Señora enviada por el padre de D. Luis a su madre o abuela, y se aficionó tanto a ella, que aceptó la oferta de D. Luis de traer el convento a Mancera siempre –según Santa Teresa–, a espensas de D. Luis, *que les hizo un monasterio conforme a su profesión, pequeño y le dio ornamentos. Hizolo muy bien dijo la Santa.* Así pues, con todo preparado, el 11 de junio de 1570, se traslada con gran solemnidad y fiesta la comunidad entera desde Duruelo a Mancera. No sabemos si por la influencia política de D. Luis o por el interés religioso de la gente, pero en este acontecimiento, participaron gentes de todos los pueblos limítrofes y también que los frailes –acostumbrados a grandes sacrificios–, hicieron todo el trayecto descalzos.

Como vemos, D. Luis, es la persona que hace posible la existencia de los dos más importantes elementos religiosos: la Iglesia y el convento que han marcado la historia de nuestro pueblo, podemos decir que fue una persona crucial en la historia de Mancera y de su posterior marquesado. Antes de morir, establece que todos sus sucesores, han de jurar el cargo en reunión pública, ante los habitantes de la villa, así como conservar y respetar todos los usos y costumbres en ella establecidos.

MATRIMONIO Y DESCENDENCIA

D. Luis, se casó dos veces. La primera, fue con: **D.ª María de Toledo** hija de Juan de Fonseca y Ayala Sr de las villas de Coca Alaejos y Aldanza de Toledo y de Ana Manrique de los II Marqueses de Aguilar de Campoo.

Tuvieron siete hijos:

1. **D. Enrique Álvarez de Toledo y Leiva**

   Heredó el mayorazgo y los títulos de su padre de
   5.º Señor de Mancera y de las Cinco Villas.
   pero a los 18 años, renunció y tomó los hábitos.

2. **D. Sancho de Castilla** († de niño).

3. **D. Pedro Álvarez de Toledo y Leiva**

   VI Sr de Mancera y de las Cinco Villas.
   I Marqués de Mancera.

4. **D.ª Isabel de Toledo y Mendoza**

   Carmelita descalza en el monasterio de San José de Salamanca.

5. **Luisa de Toledo**

   Monja agustina en el monasterio de Santa María de Gracia.

6. **D.ª Marina de Ayala** († de niña).

7. **D.ª Mariana de Toledo**

   Diego Gabriel del Águila.
   Sr de Villaviciosa.

Su segundo matrimonio fue con: **Doña Isabel de Leiva y Mendoza**

hija de Sancho Martinez de Leiva Sr de Leiva y de las villas de Baños Ameyugo y Boco, Comendador de Nápoles, Virrey de Navarra y General de las galeras de España. y de Leonor de Mendoza y Leiva. Señores de Leiva.

No tuvieron descendencia.

Le sucede su hijo: Pedro Álvarez de Toledo y Leiva.

(Por renuncia de su hermano Enrique).

y fue: I Marqués de Mancera.

5. D. ENRIQUE ÁLVAREZ DE TOLEDO Y LEIVA

V Sr de Mancera y de las Cinco Villas

Hijo de: **D. Luis Alvarez de Toledo y Enriquez** y
de: **D.ª Maria de Toledo.**

Nació: 1598 en Segovia.

Murió:

Vivió:

No tuvo hijos.

1598-1621

Felipe III

1578

1621

Durante su etapa, un voto de esta villa, decide observar como día festivo, el 2 de Julio -Solemnidad del Santísimo Rosario, aprobado por el Sr obispo de Avila D. Juan Vélez de Valdivieso. Año 1622.

A los 18 años de edad, renunció al Señorío Y profesó como Carmelita descalzo con el Nombre de: **Fray Luis de Jesús.**

Le sucede su hermano: Pedro Álvarez de Toledo y Leiva

I Marqués de Mancera

Copia de una carta original de D. Pedro A. de Toledo y Leiva

MARQUESADO DE MANCERA

1. MARQUESADO DE MANCERA DE ABAJO 1/2

D. PEDRO ALVAREZ DE TOLEDO Y LEIVA

I Marqués de Mancera **(17-07-1623).** Felipe

VI Señor de Mancera   VI Señor de las Cinco Villas)

III Señor de El Mármol (por matrimonio)

Comendador De Esparragal caballero de la orden de alcántara.

Embajador en Alemania y Venecia.

Gentilhombre de cámara de su majestad Felipe IV.

Miembro del Consejo Supremo de Guerra de Felipe IV.

Virrey de Galicia. (1631-1638) Gobernador y Capitán General.

Gobernador de Galicia (1631-1638)

XV Virrey del Perú (1639-1648)

Predecesor: Luis Gerónimo Fernandez de Cabrera

Sucesor: García Sarmiento de Sotomayor. Conde de Salvatierra.

$/genealog.ce/chile 1584 Madrid

Nació: **1.585** en Úbeda (Jaén). s/ otra versión en Madrid. (Encarta)

Murió: **1.654** en Mancera de Abajo. A los 69 años.

Hijo de: D. Luis Álvarez de Toledo y Mendoza. ojas?

IV. Señor de Mancera. III Señor de las 5 villas.

Comendador de Alange en la orden de Santiago.

Capitán de una compañía de guardias viejas.

y de D.ª Isabel de Leiva y Mendoza. (su segunda esposa)

Hija de Sancho Martínez de Leiva. Virrey de Navarra

y de Leonor Mendoza, hija de los Señores de la Coizana.

Señores de Leiva Ameyuga y Bozo.

Nieto paterno de Enrique de Toledo y Ayala. (+ 1552)

III Señor de Mancera.

Gentilhombre de cámara del emperador Carlos V

Presidente del Consejo de las órdenes.

Murió habiendo sido nombrado para el virreinato de Nápoles.

Inventó "LA MANCERINA"

Fundo y fortificó la isla de Mancera.

∞ 1.º D.ª Luisa Feijóo de Novoa y Zamudio +1674 1623

Hija de Francisco de Novoa

Sr de Bóveda de Lima Galicia, General de la flota española.

y de Leonor de Zamudio Manrique

(Marquesa de Belvís). Sra. de las casas de Zamudio y Zugasti.

Hijos:

Felipe III   1598-1621   1578   1621

Felipe IV   1621-1665   1605   1665

2/2

Francisca María de Toledo Osorio Feijóo de Novoa y Leiva.

II. Marquesa de Belvís Condesa y Marquesa de Montalvo.
Señora de las casas de Zamudio y Zugasti.

∞ 1. **Manuel de Guzmán**

Hijo de Gonzalo Núñez de Guzmán ...

Señor de la casa de Guzmán **VIII**. Señor del Toral
Señor de Ariados del valle de Boñar. Caballero de Santiago (1564)

y de Mariana al Juana de Guzmán

Hija de Martín de Guzmán ...**I** Señor de Montealegre y Meneses.
Caballero de Santiago. Comendador de Hinojosa. (OStg)

y de Ana Baronesa de Schaumburg,

Descendencia acabada antes de suceder en el Marquesado de Mancera.

∞ 2. **Diego Sarmiento de Acuña y Sotomayor**

Hijo de Diego Sarmiento de Acuña ...

I. Conde de Gondomar,.Caballero de Calatrava.
II. Corregidor de Toro (Zamora) y de otras ciudades.
Asistente de Sevilla. Embajador en Inglaterra, Francia y Alemania.

y de su segunda mujer, Constanza de Acuña y Avellaneda.

II. Conde de Gondomar Gobernador de Bayona. Caballero de Santiago.

∞ 2.º D.ª Maria Luisa Salazar y Enríquez de Navarra 1585 + 2-11-1662

IV Señora de la villa de El Mármol **Hija de** Luis de Salazar y Molina **I**
Señor del Marmol Alferez mayor de Ubeda.
Secretario de la Cámara de Estado y de la justicia de Castilla

y de Maria Enríquez de Navarra

Hija de Felipe Enriquez de Lacarra y Garcia. VIII Sr de
Ablitas, Murillo de las Limas, Erite. Mariscal de Navarra.

y de Mariana de Luna su primera mujer de los 1 Condes de
Morata del Jalón. III Señora del Mármol

Hijos:

Antonio Sebastián Álvarez de Toledo Molina y Salazar.

Úbeda (1608 -1715) II. Marqués de Mancera

Virrey de Nueva España (México) (1664-1672)

VII Sr de Mancera VII Sr de las cinco Vilas

Antonia Maria de Toledo .

∞ **Pedro Garcés Carrillo de Mendoza**

Conde de Priego Barón de Gaibiel y Santa Croce
Señor de Escabas, Cañaveras y Castilnovo.
Gentilhombre de Cámara de Felipe IV

Sin descendencia

Siendo Virrey del Perú, mandó fortificar una isla a la que llamó: Isla de Mancera, pasando a formar parte del sistema defensivo integrado en Valdivia; poblándose con colonos castellanos. **Le sucede su hijo: Antonio Sebastián Álvarez de Toledo Molina y Salazar.**

Columna lateral:

1598-1621 · Felipe III · 1578 · 1621

1621-1665 · Felipe IV · 1605 · 1665

MARQUESADO DE MANCERA DE ABAJO

(Titulo concedido por Felipe IV el 17-07-1623)
Escudo: Jaquelado de plata y azur de 15 piezas.
Grandeza de España personal
(Concedida por Carlos II el 17-02-1687)
a Antonio Sebastián de Toledo (II Marqués de Mancera)
Declarada **perpetua** el 5-10-1692 al mismo.

1 PEDRO ÁLVAREZ DE TOLEDO Y LEIVA
1623 I Marques de Mancera. 1654
VI Sr de Mancera y de las Cinco Villas
Virrey del Perú

SEMBLANZA

D. Pedro Álvarez de Toledo y Leiva era hijo de D. Luis Álvarez de Toledo Rojas o Mendoza IV Sr de Mancera y de las Cinco Villas y de D.ª Isabel de Leiva y Mendoza. Se educó, en el seno de una familia nobiliaria de gran tradición y con acreditados servicios a la Corona.

D. Pedro Álvarez de Toledo

A la muerte de su padre en el año 1603, hereda el señorío –aceptándolo bajo la obligación de juramento que había instaurado su padre– que decía: *Jurar en reunión pública, ante los habitantes de la villa el cargo, así como conservar y respetar los usos y costumbres en ella establecidos*. La ceremonia se celebró en Mancera de Abajo el día siete de noviembre del año 1603:

JURAMENTO DE DON PEDRO DE TOLEDO Y LEYVA

«En la villa de Mancera de Abajo en siete días del mes de noviembre de mil seiscientos y tres años por ante mi presente escribano y testigos estando presente Don Pedro de Toledo señor de las cinco villas parescieron presentes Santos Martín y Jerónimo Cuchillero alcaldes ordinarios desta villa y Macias de Ventosa y Garcia Vaquero regidores y Alonso Martín procurador desta villa y dixeron que atento que su merced y dicho día en virtud de la benia que tiene del rrey señor ha tomado posesión desta dicha villa y su jurisdicción y bienes y rentas que en ella le tocan y pertenecen a su mayorazgo por tanto que pedían y suplican a su merced sea

habido de prometer de guardar y cumplir las costumbres y ordenanças desta villa y todo lo que sus antecesores como señores della an hecho y guardado y cumplido y de lo guardar según los dichos y costumbres = Y su merced del dicho Don Pedro de Toledo dixo que prometia e prometio y se obligaba y obligo como señor desta villa de guardar y cumplir en todo y por todo las costumbres y ordenanças della en lo que a el tocan sin ynovar ni alterar en cosa alguna según y como su padre y sus antecesores lo an echo y cumplido y lo firmo de su nombre siendo testigos Domingo Guerrero y Toribio Garcia y Nicolas García y otros vecinos desta villa y esto promete y cumplirá con que las costumbres y ordenanças quen la dicha villa tienen no sean contra derecho ni contra su guridición ni hacienda y en lo que toca al nombramiento de fieles quiere que la villa los nombre como asta aquí los a nombrado con condición que cuando las alcabalas estuvieren por concertar los que se nombrasen sean personas capaces y suficientes para el dicho oficio de fieles porque donde no el ara que nombren otros que sean capaces de la misma villa y confirmo que les dará los cuatro ducados que se suelen dar a los fieles cada año en entregas Don Francisco de Bracamonte vecino de Boveda estante en esta villa y macias Rodriguez corregidor Don Pedro de Toledo paso ante mi Juan Sanchez Ontiveros escribano. Registro como ante mi paso y se otorgo y que aquí mismo signo y firmo» Firma: Juan Sánchez Ontiveros

(Archivo parroquial de Mancera)

Fue D. Pedro, un brillante militar que empieza su carrera muy joven, sirviendo a bordo de Galeras. Combatió a los ejércitos de Italia a pesar de su corta edad. (15 años)

Participa en la campaña que el príncipe Juan Andrea Doria condujo contra Argel.

Hereda el Señorío de su padre (en ceremonia celebrada en Mancera).

1607 Al mando de cinco galeras concurrió a la defensa del estrecho de Gibraltar atacado por los moros defendiendo además de El Peñón, las ciudades de Málaga y Melilla por cuyos servicios ingresó en el Consejo Supremo de Guerra.

Después ejerció cargos de gobierno como miembro del Consejo Colateral de Nápoles durante el virreinato de Antonio Zapata y Cisneros, Llegando a ser Teniente General de las galeras de Sicilia.

1622 Regresa a la corte.

1623 Celebra su matrimonio con D.ª Maria Luisa Salazar y Enríquez de N.

1623 El 17 de Julio es nombrado **I Marques de Mancera** Título que le otorga el rey **Felipe IV** y pasó a integrar el consejo de guerra.

1623 El 4 de agosto toma posesión del virreinato de Galicia como Gobernador y Capitán General.

1637 Es designado para el Gobierno de Orán. (Gobernador) No llegó a ocuparlo por ser propuesto para Virrey.

1638 El día 24 de Febrero es nombrado **Virrey del Perú**, empleando más de un año en los preparativos del viaje, al fin salió de Cádiz el 20 de Mayo de 1639 tomando posesión el 18 de Diciembre de 1639 (tenía entonces 54 años) Rigió los destinos de Perú durante 8 años.

Durante su prolongado gobierno virreinal estuvo centrado en dos líneas de actuación: La primera, fue la defensa y fortificación del territorio y la segunda, aumentar la producción de Azogue (mercurio) de las minas de Potosí y Huancavelica.

En relación a su primera gestión, representa –en opinión de Lohmann Villena– un hito excepcional en la historia de las fortificaciones de Lima y El Callao dirigido a defender una costa desguarnecida y seriamente amenazada por incursiones extranjeras.

1640 La defensa de El Callao, fue proyectada por el ingeniero Juan de Espinosa con un coste de casi 876.000 pesos, muy superior a los 200.000 presupuestados.

Para su financiación, Pedro de Toledo implantó dos nuevos impuestos. Uno de ellos consistía en una sisa equivalente a un real sobre cada arroba de carne de vaca y dos sobre la carne de carnero que se consumiera en Lima. El otro, una sisa sobre el azúcar a razón de dos libras por arroba.

Aquí hay que resaltar que pagó con su propio dinero el coste total de 80 metros de muralla.

Al final, aunque no faltaron críticas al desmesurado coste, el Virrey presumió de haber convertido la zona en una plaza equiparable a las mejores de Europa, disminuyendo el pillaje y la piratería.

En su segunda línea de actuación prevista, intentó hacer crecer la producción de Azogue en la mina de Huancavelica aumentando la «Mita» u obligación de cierto número de indios de trabajar gratis para el virreinato; pero los indios, con la ayuda de los evangelizadores se alzaron contra las nuevas medidas, con lo que el Marqués se vio obligado a derogar la nueva ley. Después, se deja embaucar por Pedro Bohórquez que le hace creer que existe un país encantado que se llama Paititi. Bohorquez aunque andaluz de nacimiento, se hace pasar por descendiente de los Incas y prometiendo al virrey que le entregaría Paititi y sus inmensas riquezas, aprovechando para crear un estado en los valles de Calchaquí, situados entre chile y Argentina, y posteriormente levanta a la población autóctona contra los españoles, pero después de una dura batalla con las fuerzas de D. Pedro acabó siendo ajusticiado en Lima en Diciembre de 1.666.

En el estratégico puerto de Arica, lugar de desembarque de la plata potosina, organizó una fuerza militar que garantizaba la actividad normal. Además, envió armas y otros socorros a la audiencia de Chuquisaca y a las gobernaciones de Paraguay, Tucumá, Santa Cruz de la Sierra y Tarija. Igualmente, defendió el territorio de Buenos Aires amenazado por el levantamiento del Duque de Braganza y la sublevación brasileña de 1640.

Especial dedicación le mereció la situación chilena por las continuas sublevaciones indígenas y las invasiones extranjeras. En noviembre de 1643, el corsario holandés Hendrik Brower se invade Valdivia que estaba considerada como el baluarte más codiciado del océano pacifico. El Virrey, preparó una armada de doce barcos al frente de la cual, puso a su hijo D. Antonio Sebastián de Toledo, que llegaron a Valdivia en Febrero de 1645 y tras derrotar al corsario, en cinco meses de actividad se pacificó la zona, y refunda la ciudad en nombre de su padre; lo que mereció los elogios del cronista Alonso de Ovalle. Es curioso pensar qué para la fortificación de dicha plaza, en sus galeones, llevaron: Cerca de 20.000 ladrillos, 2.400 costales de cal, 6.000 tables de chiloe, 218 piezas de artillería de bronce de varios tipos y tamaños, 111.676 libras de pólvora, más de 1.850 mosquetes, arcabuces y carabinas y 72 sillas de montar completas con guarniciones, estribos frenos y espuelas.

Además de los víveres pertinentes como: Varios miles de quintales de bizcochos, harina y carne salada. Arrobas de tocino, garbanzos, arroz, fréjoles, sal, lentejas, quesos, carne, tollos y gran número de botijos, vinagre y vino.

Y para completar la expedición, llevaron carbón, jerga, velas, jabón, 500 sombreros, 2.000 pares de zapatos, 766 de alpargatas, 600 cotones y calzones de lona, linternas, jarcia, baldex, útiles de dibujo, colchones, sabanas, almohadas, franzadas y también, gran número de braseros, ollas, palas y picotas, platos y fuentes entre otros utensilios domésticos.

Los maestros carpinteros, canteros, albañiles, herreros y oficiales de todos y cada uno de los oficios, que viajaban, iniciaron la construcción de una serie de fortalezas, que serían consideradas como la «llave del mar del Sur» como el castillo de San Pedro de Alcántara en la isla de Mancera (Chile) los fuertes de Niebla, Corral, Mancera y Cruces que protegían el comercio marítimo entre Perú y España además de la fortificación de la plaza de Valdivia.

Se funda la villa de San Clemente de Mancera (Perú) Lugar donde se elabora el conocido licor «Pisco» y que hoy se llama Villa Pisco.

1641 Implantó el papel sellado y organiza un servicio estable de correos o «Chasquis». Amplió la Escuadra, y organizó una gran Armada –la mayor conocida hasta la fecha en el océano pacífico–

1645 Visitó las ruinas de Azogue de Huancavelica para reformar su administración y revertir la crítica situación que dificultaba el aprovisionamiento del metal consiguiendo así reactivar su producción. La culminación de un nuevo socavón que permitía otro acceso al interior de la mina y la mejora de las condiciones de las labores, consiguió un aumento importante de la producción.

Además, firmó con los mineros, un nuevo contrato que mejoraba las condiciones del anterior de 1630 e incluía notables ventajas para la mano de obra. Como hemos dicho la producción aumentó durante su mandato, pero fue de forma efímera al retornar la crisis en la segunda mitad de la centuria.

En Potosí, el principal problema era la cuestión mitaya. Los mineros exigían un nuevo repartimiento de indios y el Marqués de Mancera se prestó a estudiarlo elaborando un proyecto que aprobaron los dueños de las minas; sin embargo, quedo en suspenso ante la llegada del nuevo Virrey. La producción se mantuvo en torno a los 900.000 pesos anuales, cifra inferior a la registrada a principios del s. XVII pero mayor que la registrada en las décadas siguientes.

Tomó medidas especiales contra las potencias extranjeras que aprovechando la decadencia de la monarquía Española, –Felipa IV y El Conde Duque de Olivares– intentaban medrar en los territorios españoles.

1646 El 20 de Septiembre de 1646 entrega el mando a su sucesor El Conde de Salvatierra, comenzando entonces un tormentoso juicio de residencia en el que se le imputaron gravísimos cargos y se le exigía la devolución de 40.000 pesos. El Consejo de Indias, suavizó la sentencia de Velasco y le absolvió de casi todas las imputaciones. A pesar de ello, para limpiar su nombre, ya en Madrid se dedicó a escribir un memorial en el que detallaba los aciertos de su gobierno y justificaba su comportamiento.

1647 En el año 1647 finaliza la construcción de la muralla del puerto de la ciudadela del Callao medía 4 Km de larga y estaba dotada de cañones de bronce por un valor de 369.000 pesos.

Hombre muy devoto, debido a la influencia que sobre él tenía su director espiritual –San Juan Masías– D. Pedro favoreció mucho a la orden dominicana a la que pertenecía y en 1643 funda la Catedral de Santo Tomás de Aquino., la universidad de San Marcos y el monasterio de Nuestra Señora del Carmen, todos ellos en Lima.

En el seno de la universidad San Marcos de Lima, también fundó sendos hospitales para negros e indios (San Bartolomé y Santiago del cercado respectivamente) En Cuzco levanto el Hospital de San Andrés para mujeres pobres.

Igualmente introduce en lima la costumbre de rezar el rosario todos los sábados a coro y en voz alta en la catedral de los dominicos.

Sin embargo, en todo esto consumió ingentes caudales que no pudo compensar con el incremento de la producción de azogue (mercurio), al oponerse los misioneros a sus pretensiones sobre la reforma de la mita[2].

Dispuso la venta y composición de tierras y mediante su ejecución obtuvo dos millones de pesos para la corona, aunque tendió a la «conservación, buen tratamiento y alivio de los indios», reconoció que estos tenían por enemigos a corregidores, curas y caciques «atentos a enriquecer de su sudor» y que ninguna preocupación mostraban por obedecer las providencias dictadas para amparar a aquellos.

Para remate, los devastadores efectos de los terremotos de 1640 (Huancavelica), 1647 (Santiago) y la erupción del Pichincha (Quito) acabaron de vaciar las arcas públicas.

Para conocimiento de su sucesor, preparó una *Relación del estado del gobierno del Perú* (al parecer impresa en Lima).

Uno de sus últimos actos administrativos como virrey del Perú, fue nombrar a D. Alonso de Figueroa y Córdoba gobernador de Chile.

MATRIMONIO Y DESCENDENCIA

Pedro Álvarez de Toledo, como hemos visto antes contrajo matrimonio con **Doña Luisa Feijoo de Novoa y Zamudio** Marquesa de Belbís, hija de Francisco de Novoa y de Leonor Zamudio. De este matrimonio no hubo descendencia.

En segundas nupcias, casó con **Doña Maria Luisa Salazar y Enríquez** III Sra de El Marmol, hija de Luis de Salazar y de Ana Enriquez de Navarra

Sus descendientes fueron:

- **Francisca María de Toledo Osorio**

  II Marquesa de Belbís.

- **Antonio Sebastián Álvarez de Toledo**

  II Marques de Mancera, –su sucesor–.

- **Antonia María de Toledo y M.S.**

  casó con Conde Priego.

En el orden cultural, Organizó tertulias literarias donde se inventó *La Mancerina* especie de plato de cerámica o plata con un agujero en el centro donde se aloja la jícara del chocolate que facilita el servirlo con seguridad sin que se vierta. Esta vasija,

---

[2]   mita. Sistema de trabajo forzado en las minas de Azogue, (Mercurio).

Era una forma de explotación laboral de los indígenas, donde cada comunidad estaba obligada a enviar un número determinado de hombres para trabajar en las minas.

llegó a popularizarse tanto, que fue fabricada por las cerámicas del'Alcora, Manises y Talavera.

El nombre del Marqués de Mancera, –dice Ceferino Gómez– correrá por tierras de Perú, Ecuador, Colombia, Venezuela, Bolivia y Chile.

Con respecto a **la Mancerina**, hay que reconocer que ha sido un objeto capaz de llevar el nombre de nuestro pueblo por el mundo entero, plato fabricado con gran empeño en las cerámicas de l'Alcora que es una población de la provincia de Castellón enclavada en el valle de l'Alcalaten y con gran tradición ceramista. Alguna revista cultural como ARATIKOS decía que en tiempos de D. Pedro se tomaba mucho chocolate a la taza, llamada la «bebida de los dioses» dando no pocos quebraderos de cabeza que en el calor de las tertulias, más de una «jícara» perdía su verticalidad a causa de una mano o codo, derramándose el preciado líquido sobre la mesa o vestido de algún invitado, esta fue la causa del invento de la genuina pieza española de vajilla cuyos primeros ejemplares fueron hechos en metal.

LA MANCERINA

(diccionario de Autoridades de 1726-1739) MANCERINA: Especie de plato o salvilla, con un hueco en medio, donde se encasa la xicara, para servir el chocolate con seguridad de que no se vierta. Diósele este nombre por haber sido su inventor el Marques de Mancera, por lo que se dixo Mancerina, y después con mayor suavidad Macerina.

Fotografías de mancerinas

El 1 de Mayo de 1727 comienza a funcionar en Alcora, la Real Fábrica de Loza y Cerámica bajo la advocación de San Pascual Bailón. Entre la cantidad de obras de loza que se fabricaron ya en la primera época, figura la «Mancerina» el magnífico complemento para la toma del suculento chocolate.

Fue Alcora la primera en fabricar en loza, esta única y genuina pieza española. Se numeran dentro de la 1.ª época como especialistas de esta españolísima Mancerina, a José Calbo Perales y Miguel Soliva Castro. A finales del s. XVIII el chocolate se popularizó hasta el extremo de la apertura de establecimientos especialistas: «Chocolaterias» con la introducción de la novedosa Mancerina y la cucharilla metálica.

Para terminár sólo mencionar que en l'Alcora existe un concurso anual de poesía que precede a la proclamación de la reina de las fiestas que se llama: **Mancerina Poética** y cuyo premio al ganador final es una Mancerina más una cuantía económica.

Mancerina

1650 Partió para España el 11-04 de 1650 y, ante la tibia recepción en la corte, se retiró a sus estados muriendo tres años después en su palacio de Mancera, construido por su tatarabuelo Pedro, primer Señor de las Cinco Villas, Mancerina cuya traza sirvió de modelo para el Alcázar de Colón en Santo Domingo y otros palacios de la América virreinal.

Mientras D. Pedro cumplía como Virrey del Perú, en el año 1640, Portugal declara su independencia, lo que originó una guerra con España, que se prolongó hasta 1668. De Mancera, fueron reclutados cuatro mozos para luchar en la contienda; Además, el pueblo, aportó la cantidad de 180 reales.

2. D. ANTONIO SEBASTIÁN ÁLVAREZ DE TOLEDO MOLINA Y SALAZAR 1/3

II Marqués de Mancera (1654-1715)

1621-1665	Felipe IV	1605
		1665
1665-1700	Carlos II	1661
		1700
1700-1746	Felipe V	1688
		1746

7.º Señor de las Cinco Villas.

XXV Virrey de la nueva España, (1663-1673)

Sucedió a: Diego Osorio Escobar
le sucedió: Pedro Nuño Colón de Portugal.
Grande de España.
Grande de España personal (17/02/1687)
Perpetuo (5/10/1692)
IV Señor de El Mármol,
Consejero de Estado
Caballero Comendador de Alcántara
Tesorero general de la orden de Alcántara
Comendador de Puertollano en la orden de Calatrava
Alférez real de Úbeda
Capitán de compañía de infantería en Nápoles
Teniente General de mar y tierra en Perú

Hijo de: **D. Pedro Álvarez de Toledo y Leyva.**
I Marqués de Mancera

y de D.ª **Maria Luisa Salazar y Enríquez de Navarra.**
IV Sra de la villa de El Marmol
hija de **Luis de Salazar y Molina** II Sr de El Marmol
y de **Ana Enriquez de Navarra.**

Nació: **1.620**. En Úbeda (Jaén)
Murió: **1.715**. En Mancera A los 95 años de edad.

∞ **1.º D.ª Leonora Maria del Carretto** (1616-1674)
Dama de honor de la Reina Mariana de Austria
De ella, fue dama de honor Sor Juana Inés de la Cruz.
Muere en Teaple (Puebla) donde quedó sepultada.
Hija de **Francesco Antonio del Carretto** (Mantua 1590, + Viena 1651)
Marqués de Carretto Marchese tit di Savona.
II Marchese di Grana Conte di Millesimo
Caballero Tor. (1644) General del Ejército Imperial
y de **Gräfin Margareta Fugger von Nordendorf** (3-04-1592, 1652)

2/3

Hijos de este matrimonio:

■ **Maria Luisa de Toledo y Carretto.** Hija única

> I Marquesa de Melgar de Fernamental.
> Sra.de la Villa de Fernán-Mentaloz al de Melgar de
> Fernamental.

⚭ **José María de Silva y Mendoza**

> I. Marqués de Melgar.
> Sr. de las villas de Melgar de Yuso, Itero del Castillo,
>   Villasandino y Padilla.
> Gentilhombre de la cámara con ejercicio del Rey Carlos II
> Primer Caballerizo.
> Comendador de Estepa.
> Orden de Santiago.
> Alcaide mayor de la Casa Real de Tordesillas

Doña María, tras la muerte de su marido, renunció a sus bienes ante
Domingo Larrea 28-9-1706, Y profesó como clarisa en el
monasterio de la Encarnación, muriendo algún tiempo más tarde,
pero aún en vida de su padre.

Hijos:

■ **Petronila Antonia de Silva y Toledo** n/Madrid 21/09/1677

> Comendadora de Estepa en la Orden de Santiago

⚭ **Mercurio Antonio López Pacheco**

> Conde de San Esteban de Gormaz
> XII Marqués de Aguilar de Campóo

Sin descendencia

■ **Manuel José de Silva y Toledo**

> IX Conde de Galve

⚭ **Teresa de Toledo Osorio**

> Hija de Fadrique de Toledo Osorio.
> Marqués de Villafranca del Vierzo
> Grande de España
> Capitán General de las galeras de Nápoles.
> Virrey de Sicilia
> VIII Duque de Sessa
> Sin descendencia

■ **Josefa Maria de Silva y Toledo**   (1681 + 1692)

Lateral timeline column:

Reinado	Rey	Años
1621-1665	Felipe IV	1605 / 1665
1665-1700	Carlos II	1661 / 1700
1700-1746	Felipe V	1688 / 1746

3/3

1621-1665	Felipe IV 1605 1665
1665-1700	Carlos II 1661 1700
1700-1746	Felipe V 1688 1746

■ **Antonio de Toledo**

n/Lima Perú **hijo natural** habido en María de Córdoba. (27-5-1668)

⚭ **Clara de Olivera y Maturana**

Hija de Manuel de Olivera y González de Faria y Beatriz Maturana Muñoz.

Hijos:

■ Fray **Antonio de Toledo y Oliveira**

Religioso franciscano.

⚭ **2 D.ª Juliana M.ª Teresa de Meneses**

Viuda de Francisco Ponce de León (5.º Duque de Arcos)
(+1678) 1676?

Hija de **Pedro Portocarero de Córdoba y Aragón.**

VIII Conde de Medellin

Duque de Carmiña.

Repostero Mayor de la Real Casa de Castilla.

Gentilhombre de Cámara del Rey.

Caballerizo mayor de la Reina Juana de Austria.

Caballero de Santiago.

y de **María Beatriz de Meneses e Noronha** segunda mujer

III Duquesa de Camina

VIII Marquesa de Vila Real

Condesa de Alcoutim Valença e Valadares en Portugal.

Grande de España

Hija de Luis de Noronha e Meneses

IX. Conde y **VII** Marqués de Vilareal

VI Conde de Alcoutim e Valença

IX Capitäo geral de Ceuta.

Consejero de estado de los Reyes FelipeIII y Joäo **IV** de Portugal y de Julia Meneses, de los condes de Tarouça.

Le sucede su Sobrino:

Pedro Álvarez de Toledo Sarmiento de Acuña.

2. D. ANTONIO SEBASTIÁN A. DE TOLEDO MOLINA Y SALAZAR
II Marqués de Mancera

D. Antonio Sebastián Álvarez de Toledo Molina Salazar, que vivió entre los años 1620 y 1715, fue un noble y político español que ostentó los títulos de II Marques de Mancera, Grande de España **y XXV Virrey de Nueva España** durante el periodo comprendido entre 15 de Octubre de 1664 y 20 de Noviembre de 1673. Parece ser que nació en Úbeda (Jaén) y allí se alza un palacio con su nombre en uno de los ángulos de la plaza Vázquez de Molina –s. XVIII–. Posee un patio central cuadrangular con columnas toscanas y zapatas que soportan un segundo piso con balaustres de madera. La portada es adintelada enmarcada por columnas corintias sobre printo.

Biografia

Nació en 1620 siendo hijo de Pedro Álvarez de Toledo y Leiva I Marqués de Mancera, Virrey de Galicia y del Perú y de su segunda mujer María Luisa de Salazar y Enríquez de Navarra III Sra. de El Mármol.

Sucedió a sus padres en los títulos y Mayorazgos familiares siendo II Marqués de Mancera y VII Sr de las Cinco Villas y IV Sr de El Mármol.

Por su posición familiar, desde muy joven sirvió en la Corte Española donde desempeño importantes cargos.

Más tarde, viajó a Nueva España, residiendo allí durante el tiempo que su padre fue Virrey.

Obtuvo el nombramiento de Caballero y Comendador de la Orden de Alcántara y actuó como diplomático en la republica de Venecia.

1663 Recibió el nombramiento de **Virrey de Nueva España**, por Felipe IV, el 30 de diciembre de 1663 a pesar del voto desfavorable del Consejo de Indias que, por la mala salud del marqués no lo consideraba adecuado para el cargo. ¡Vaya ojo clínico! D. Antonio vivió 95 años.

Cuando fue nombrado, aún se encontraba en el cargo Juan Francisco de Leyva y de la Cerda, que llevó a cabo una serie de irregularidades junto a su mujer e hijos, que obligó a la Corona de España a destituirle en el cargo antes de lo previsto. Fue nombrado como Virrey interino, Diego Osorio de Escobar, arzobispo de Puebla de los Ángeles y casi un año después, Don Antonio, hizo su entrada oficial en Méjico el 15 de octubre de **1664,** acompañado de su esposa Leonora del Carretto, entregándole el mando D. Diego Virrey interino.

1664 Buen conocedor de América porque como hemos dicho fue ayudante de su padre cuando este desempeñó el cargo de Virrey del Perú en el año 1639, a su llegada, ordenó inmediatamente que no se hiciera gasto alguno en su recepción sabiendo que el tesoro virreinal estaba muy pobre, debido a las constantes remisiones que se hacían a España.

Durante su mandato, envió recursos a España para financiar la guerra contra los británicos, convirtiéndose en el Virrey que más dinero envió a España además de los cuantiosos gastos que suponía defenderse a menudo de los ataques Ingleses de los corsarios Davis y Morgan que asediaron la Florida saqueando y arruinando la plaza de San Agustín, lo que motivó que reorganizara la ***Armada de Barlovento*** auxiliando a los expedicionarios españoles, empresa en la que no escatimó recursos.

Apoyó diversas expediciones para conquistar las tierras de California –aún desconocidas– y le dio 10.000 pesos de su propia fortuna a Diego Luis de San Vítores para acudir a la conquista de las islas Marianas. También apoyó con recursos del erario las obras de la Catedral, que vieron terminado su decorado interior en 1666. Aunque estos gastos casi vaciaron las cajas Reales de México, no desistió en sus proyectos.

Mantuvo en orden a los funcionarios virreinales, atacando la corrupción y conteniendo posibles sublevaciones de alcaldes y regidores. Atendió al buen gobierno de las Filipinas y suspendió las obras de desagüe de la ciudad de México. Se mostró totalmente contrario con el tráfico de personas y puso todas las trabas posibles para evitar la venta de esclavos durante su mandato.

A pesar de tener varias denuncias en contra, debido al éxito de su gobierno, el cargo de Virrey le fue prorrogado en dos ocasiones permaneciendo en él casi 10 años. Sin embargo, al final, tuvo que renunciar a éste por encontrarse enfermo.

1673 El 20 de Noviembre de 1673, entregó el bastón de mando a su sucesor Pedro Nuño Colón de Portugal, descendiente del Almirante Cristóbal Colón. Decide regresar a España, y en el camino a Veracruz, para embarcar, falleció su esposa la Virreina Doña Leonora, en Tepeaca (Puebla) donde tuvo que sepultarla.

De nuevo en España, fue embajador de la república de Venecia y Alemania y obtuvo del favor real, la Grandeza de España a título personal el 17 de febrero de 1687 –de Carlos II– y perpetua para el marquesado de Mancera cinco años después.

De regreso a la corte fue político destacado que participo en el entramado del cambio dinástico (Carlos II-Felipe V) tomó partido por la sucesión acordada en el testamento de dicho monarca lo que le valió que el Borbón Felipe V le incluyera en su gobierno como ministro.

1715 Muere a los 95 años sin descendencia. Su longevidad se achacó a la afición al chocolate heredada de su padre. Estaba enterrado en la entrada de la iglesia del convento de mínimos de Mancera bajo una losa sin inscripción. Fue también a través de su larga vida, un marino muy distinguido, llegó a alcanzar el grado de General de Galeras en el Perú y Capitán General de la Armada del mar Océano.

MATRIMONIO Y DESCENDENCIA

Contrajo matrimonio en dos ocasiones:

El primero, en 1655 con: **Doña Leonora María del Carretto** (1616-1674) Primera Marquesa de Melgar Dama de honor de la reina Mariana de Austria. Hija de Francesco Antonio del Carreto. Marqués di Savona de Carreto y de Grana, conde de Millessimo, caballero de la orden del Toisón de Oro y General del ejército Imperial. y de Gräfin Margareta Fugger von Nordendorf. Tuvieron una hija **Maria Luisa de Toledo y Carretto** que casó con Jose M.ª de Silva y Mendoza I Marqués de Melgar y tuvieron tres hijos.

1 Petronila Antonia de Silva y Toledo, casó con Mercurio Antonio López Pacheco (sin descendencia) 2 Manuel José de Silva y Toledo casó con Teresa de Toledo y Osorio (Sin descendencia)

3 Josefa Maria de Silva y Toledo.

Tras la muerte de su marido, D.ª María Luisa, renunció a sus bienes ante Domingo Larrea 28-9-1906, **y profesó como clarisa en el monasterio de la Encarnación**, muriendo algún tiempo más tarde, pero aún en vida de su padre.

El segundo matrimonio fue con Juliana M.ª Teresa de Meneses hija de D. Pedro Portocarrero de Córdoba y Aragón. VIII Conde de Medellín y de María Brites de Meneses. No tuvieron descendencia.

Además de esto, D. Antonio Sebastián, tuvo un hijo Natural con María de Córdoba que nació en Lima (Perú) su nombre Antonio de Toledo que casó con Clara Oliveira Maturana. Tuvieron un hijo religioso Franciscano Fray Antonio de Toledo Oliveira.

Le sucedió su sobrino: Pedro Álvarez de Toledo Sarmiento de acuña III Marqués de Mancera.

3. PEDRO A. DE T. SARMIENTO DE ACUÑA 1/2

III Marqués de Mancera (1715-1721)

VIII Sr de las 5 Villas

IV. Conde de Gondomar.

Grande de España.

III Marqués de Belvís.

Caballero de Santiago y del Consejo de Castilla

Sobrino del II Marques de Mancera

Hijo de: D. Diego Sarmiento de Acuña Sotomayor
Conde de Gondomar.

Y de D.ª Francisca A. de T. Novoa.
Marquesa de Montalvo

Nació: Murió: 1721 a los años .

⚭ 1. María Josefa de Eraso Vargas y Carbajal

(20-03-1652 Madrid)

III. Condesa del Puerto.

III. Condesa de Humanes.

V Sra. de Mohedano.

Hija **de Carlos de Vargas Eraso**

(de los Condes del Puerto de Santa Cruz de la Sierra)

y de **Maria de Córdoba**, de los condes de Maceda.

Hijos del matrimonio:

1. **Manuel de Toledo.**

2. **Teresa Sarmiento de Eraso Vargas y Carvajal.**

   IV. Condesa del Puerto.

   IV. Condesa de Humanes.

   Renunció a sus títulos para meterse religiosa.

   ⚭ **1. Francisco Melchor de Toledo.** (+ 13-02-1696)

   Hijo de **Fadrique de Toledo Osorio**

   VII. Marqués d Villafranca del Bierzo.

   Grande de España.

   Virrey de Sicilia.

   y de **Manuela de Córdoba y Cardona**.

   Sin descendencia.

3. **Mariana de la Encar. Eraso Sarmiento de V. Carbajal.**

   IV. Marquesa de Mancera.

   V Condesa del Puerto

   V Condesa de Humanes

   ⚭ **Juán de Dios Pacheco Tellez Girón**
   Marqués d Malpica

1688

1700-1746

Felipe V

1746

2/2

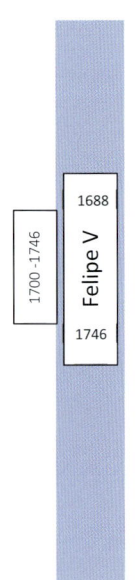

⚭ 2 Inés de Palafox y Zúñiga.

Hija de **Juán Francisco II de Palafox y Folch de Cardona**.
7. Marqués de Guadalest   Almirante de Aragón.
Marqués de Ariza
Mayordomo Mayor del Rey Carlos II,
del Consejo Supremo de Aragón.
y de **Francisca de Zúñiga Mexia Dávila y Guzmán**
de los 7 Marqueses de Puebla de Loriana.
Nieta del 7. Duque de Bejar.

Hijos del matrimonio:

4. **Joaquina** , al **Josefa Alvarez de Toledo y Sarmiento**
   V. Marquesa de Mancera.
⚭ **Jose Alonso Pimentel y Zuloart**
   VI Marqués de Malpica

Le sucedió su hija: **Mariana de la Encarnación**
   IV Cuarto Marqués de Mancera

Con D. Pedro como III Marqués, empieza la decadencia del marquesado, después, el título pasará por diferentes manos como veremos porque algunos herederos mueren sin descendencia y a mediados del s. XVIII, el marquesado acabaría uniéndose al de Malpica con D. Joaquín María Pimentel –VI Marqués de Mancera y VI Marques de Malpica–.

Como consecuencia de ser nombrado Virrey de la Nueva España, D. Antonio Sebastián II Marqués de Mancera, tuvo que residir en América y el palacio de Mancera, dejó de ser habitado por la nobleza y comenzando a vivir en él, otros inquilinos. Sabemos que en el año 1660 vivió en él D. Juan Jiménez de Quirós que entonces era alcalde de las 5 Villas.

4. MARIANA DE LA ENCARNACION A. DE T. SARMIENTO Y ERASO VARGAS DE CARBAJAL

IV Cuarto Marqués de Mancera (1721-1748)

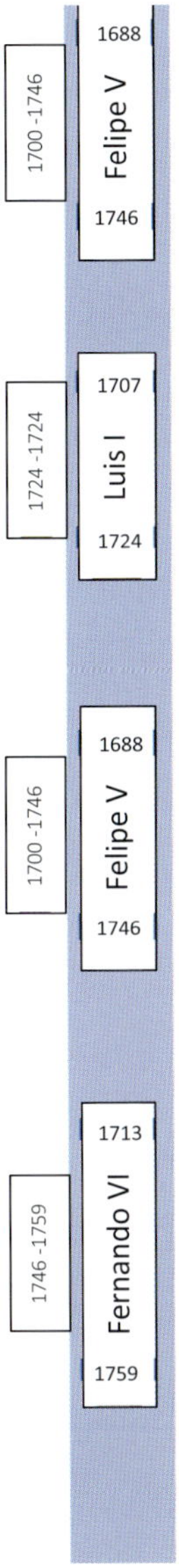

IX Señor de las Cinco Villas

5 Condesa del Puerto. 5. Condesa de Humanes.

VI Condesa de Gondomar   Grande de España.

Hija de: D. Pedro Sarmiento y Toledo

Y de D.ª M.ª Josefa de Eraso Vargas y Carbajal

Nació: 1661   Murió: 1748

⚭ **1 . Juán de Dios Pacheco Téllez-Giró**   14/09/1709

(+ 1722) (Madrid 14-09-1709)

Hijo de **Juan Francisco Pacheco Téllez-Girón**

(* Madrid 8-06-1649)

III. Conde de la Puebla de Montalban.

XI. Señor de Galves y Jumela.

Gentilhombre de cámara del Rey

Duque de Uceda.

Marqués de Belmonte.

Grande de España.

Gobernador y Capitán General del Reino de Galicia.

I Marqués de Nuevas Albas.

y **de Isabel María de Sandoval y Girón** (+16-07-1677)

IV. Duquesa de Uceda.

IV Marquesa de Belmonte y de Menosalbas.

Sin sucesión.

⚭ **2 . Domingo Portocarrero.**   17/10/1723

Teniente General de los RE. (+ 1750)

Hijo de **Cristóbal IV Portocarrero de Guzmán**

Enrique de Luna.

4. Conde de Montijo.   3. Conde de Fuentidueña.

8. Marqués de la Algaba. 9. Marques de Ardeles.

10. Conde de Teba.   Grande de España.

Caballero de Santiago. Mayordomo del Rey

y de su consejo.

Capitán de los cien continuos hijosdalgo

y de su tercera mujer **Maria Regalada de Villalpando**.

(Madrid 16-05-1670, + 1738.

4. Marquesa de Osera. 4. Marquesa de Castañeda.

Marquesa de Ugena.   Sin sucesión.

Le sucedió su hermanastra (del 2.º matrimonio de su padre)

Joaquina. Al Josefa Álvarez de Toledo y Sarmiento

Timeline (left margin):

1700-1746	Felipe V	1688 – 1746
1724-1724	Luis I	1707 – 1724
1700-1746	Felipe V	1688 – 1746
1746-1759	Fernando VI	1713 – 1759

4. D.ª MARIANA DE LA ENCARNACION A.
DE T. SARMIENTO Y ERASO VARGAS DE CARBAJAL
IV Marqués de Mancera

Mariana Sarmiento Eraso y Toledo (m. 16 de diciembre de 1748), **IV marquesa de Mancera**, IV condesa de Gondomar, III marquesa de Montalvo, V condesa del Puerto y V condesa de Humanes.

Contrajo un primer matrimonio el 14 de septiembre de 1709 en la iglesia de Santa Cruz de Madrid, con Juan de Dios Pacheco y Téllez-Girón (m. 21 de julio de 1722), segundo hijo de Juan Francisco Pacheco Téllez-Girón y Fernández de Velasco, III conde de la Puebla de Montalbán, I marqués de Menas Albas, y de Isabel María de Sandoval y Girón, IV duquesa de Uceda, IV marquesa de Belmonte.

Se casó en segundas nupcias el 17 de octubre de 1723 con Domingo Portocarrero (m. 21 de agosto de 1750). Sin descendientes de ninguno de sus matrimonios.

Le sucedió su hermanastra (del 2.º matrimonio de su padre)

Joaquina. Con el nombre de Josefa Álvarez de Toledo y Sarmiento JOAQUINA, al nombre de:

5. JOSEFA ÁLVAREZ DE TOLEDO SARMIENTO 1/2

V MARQUÉS DE MANCERA (1748-1758)

V Condesa de Gondomar

VI Condesa de Humanes

V Marquesa de Belvís

IV Marquesa de Montalvo

Hija de Pedro Sarmiento y Toledo

III. Marqués de Mancera.

y de su segunda mujer Inés de Palafox y **Zúñiga.**

Grande de España.

Nació:

Murió: 6/04/1758

Vivió:

⚭ Juan Francisco, al José Alonso Pimentel y Zuloart

VI Marqués de Malpica

VII Marqués de Povar

IV Conde de Navalmoral

Hijo de Sebastián Pimentel y Zúñiga.

Maestre de Campo.

Caballero de Santiago.

y de Isabel Luisa Zuloart Muñil

Nieto de los 5. Marqueses de Povar y Mirabel.

Bisnieto de los 10. Conde-Duque de Benavente.

Marquesa de Malpica.

Hijos del matrimonio:

1. José Pimentel Alvarez de Toledo

12. Duque de Medina de Rioseco.

Grande de España.

Adjudicado en tenuta los estados de los almirantes de castilla

2. Joaquín María Pimentel Alvarez de Toledo.

VI. Marqués de Mancera.

Duque de Medina de Rioseco.

1746-1759

Fernando VI

1713

1759

2/2

1746-1759

Fernando VI

1713

1759

3. Maria Antonia Pimentel Alvarez de Toledo.

⚭ **1. Cristobal Pio Funes de Villalpando y Sanz de Latrás.**

Hijo de Jose Pedro de Alcántara Funes de
                 Villalpando y Sanz de Letrás.
(Zaragoza 19-03-1684, + 1728)
5. Conde de Atares.
4. Conde de Villar
Grande de España.
y de María Francisca Abarca de Bolea y
                 Bermudez de Cvastro.
(Maella 20-12-1697, + Zaragoza 31-01-1705)
De los 1. Duque de Almazán.

Sin sucesión.

4. María Pimentel Alvarez de Toledo.

⚭ **1. Manuel de Córdoba.**

5. Conde de Torralba.

⚭ **2. Antonio Osorio**

De los 6. Marqueses de Montaos
Condes de Villanueva de Cañedo.

Con sucesión.

Le sucedió su hijo Joaquín María Pimentel A. de T.
VI Marques de Mancera

5. D.ª JOSEFA ÁLVAREZ DE TOLEDO Y SARMIENTO
V Marqués de Mancera

Josefa Joaquina de Toledo Sarmiento y Palafox (m. 6 de abril de 1758), **V marquesa de Mancera**, V condesa de Gondomar y IV marquesa de Montalbo.

Palacio del Conde de Gondomar en Valladolid

Se casó el 25 de marzo de 1721 con José Alonso Pimentel y Zuluart, VII marqués de Povar, VI marqués de Malpica y IV conde de Navalmoral.

V marqués de Montalvo

En esta ceremonia, se consumó la unión de los marquesados de Mancera y Malpica.

Tuvieron cuatro hijos:

1. Jose Pimentel Alvarez de Toledo, XII Duque de Medina de Rioseco, Grande de España. –sin descendencia–

2. Joaquín María Pimentel Álvarez de Toledo que después fue el VI Marques de Mancera,

3. M.ª Antonia Pimentel A. de Toledo, que casó con Cristóbal Pio Funes de Villalpando –sin descendencia–

4. M.ª Pimentel A. de Toledo que caso dos veces. Primero con Manuel de Córdoba, Conde de Torralba –sin descendencia– después con Antonio Osorio de los marqueses de Montaos. Con descendencia.

A Doña Josefa, le sucedió su hijo:
Joaquín María Pimentel Álvarez de Toledo.

6. JOAQUIN MARÍA PIMENTEL Y A. DE TOLEDO

VI Marques de Mancera (1758 + 1792)

XI. Duque de Med. de Rioseco. VI Conde de Gondomar.

VI. Marqués de Malpica.   IV. Marqués de Montalvo.

VI. Marqués de Belvís.   VI. Marqués de Povar.

VII. Marqués de Mirabel.   Grande de España. 1792

Hijo de D. José Alonso Pimentel y Zuloar

Y de D.ª Josefa Álvarez de Toledo y Sarmiento

Nació: Murió: 26/10/1792

1761 ⊕⊕ María Bernarda Cernesio y Guzmán (- 1802)

Hija de **Jose Manuel Cernesio y Perellos.**

al de Tarrega Cernesio y Perellos.

III. Conde de Parcent.   Grande de España de 2 cl.

Caballero de Mont.

y de su segunda mujer **Ana de Guzmán y Spinola.** (+1756)

Hija de Pedro José de Guzmán DávalosPonde de León.

1.Marqués de Mina.   Señor del Mayorazgo de Salteras.

Virrey del Perú.

y de Juana María Spinola

de los 4. Condes de Perezuela de Torres.

Hijos del matrimonio:

1. Serafín Pimentel Enriquez. (+25-01-1799)

14. Duque de Medina de Rioseco.

7. Marques de Malpica. 7. Marqués de Povar.

8. Marqués de Miravel. 6. Marqués de Montalvo.

6. Marques de Belvís.   6. Conde de Berantevilla

15. Conde de Melgar y Rueda.   Grande de España.

Sin sucesión.

2. María Petronila de Alcántara Pimentel

VII. Marquesa de Mancera.

VII. Marquesa de Malpica.

Le sucede su hija:

María Petronila de Alcántara Pimentel

Fernando VI
1713
1759

1746 -1759

Carlos III
1716
1788

1759 -1788

Carlos IV
1748
1819

1788 -1808

6. D. JOAQUIN M.ª PIMENTEL Y ÁLVAREZ DE TOLEDO
VI Marqués de Mancera

Joaquín Enríquez de Pimentel y Sarmiento o Joaquín M.ª Pimentel y A. de Toledo (m. 26 de octubre de 1792), **VI marqués de Mancera**, VI conde de Gondomar, XII duque de Medina de Rioseco, VII marqués de Malpica, V marqués de Montalvo, VIII marqués de Povar, V y último conde de Navalmoral. VI Marques de Belvis, VII Marques de Mirabel, era hijo de José Antonio Pimentel y Zoloar y de Josefa Álvarez de Toledo y Sarmiento V Marques de Mancera.

Se casó en 1761 con **María Bernarda Cernesio y Guzmán**, (m. 1802), hija de José Manuel Cernesio y Perellós, III conde de Parcent. Y de Ana de Guzmán Spinola. Con la que tuvo dos hijos: Serafín Pimentel Enríquez (m. 25/01/1799) y M.ª Petronila de Alcántara Pimentel que casó con Pedro de Alcántara Luis Fernández de Córdoba en 1761 y fue la sucesora de su padre en el marquesado de Mancera.

Le sucedió su hija:
María Petronila de Alcántara Pimentel

7. MARÍA PETRONILA DE ALCÁNTARA PIMENTEL CERNESIO Y GUZMÁN 1/2

VII Marquesa de Mancera (1792-1802)

VII Marquesa de Malpica. VI Marquesa de Montalvo
IX Marquesa de Povar.   VII Condesa de Gondomar.
Grande de España.
Hija de: D. Joaquín M.ª Pimentel
Y de D.ª Maria Bernarda Cernesio y Guzmán

Nació: 19-11-1746   Murió: 29-02-1802   Vivió 56 años.

∞ 1. Pedro de Alcántara Luis Fernández de Córdoba Figueroa de la Cerda y Moncada
(Madrid 10-11-1730 + Madrid 24-11-1789.)

12. Duque de Medinaceli.	11. Duque de Feria.
9. Duque de Camiña.	10. Duque de Alcalá de Gazules.
12. Duque de Segorbe.	11. Marqués de Cogolludo.
13. Duque de Cardona.	13. Marqués de Denia.
11. Marqués d Priego.	13. Marqués de Tarifa.
8. Marqués de Montalban.	8. Marqués de Alcalá de la Alameda.
8. Marqués de Aitona.	11. Marqués de Comares
13. Marqués de Villareal.	9. Marqués de Villafranca.
10. Marqués de Villalba.	10. Marqués (Conde) de Sta Gadea.
14. Marqués de Pallars.	13. Conde de los Molares.
9. Conde de Ampudia.	16. Conde de Ossona.
17. Conde de Buendía.	6. Marques de Puebla Alfajarín.
11. Conde de Zafra.	13. Conde de Ampurias
21. Conde de Prades.	13. Conde de Medellin
12. Conde de Alcoutim.	13.Conde de Valenza y Valladares.
Vizconde de Cabrera.	Vizconde de Villamur.
Vizconde de Bas.	Barón de Antella.
Grande de España.	

1748

Carlos IV

1788-1808

1819

2/2

Hijos del matrimonio:

1. **María Dominga Antonia Fernandez de Córdoba y Pimentel.**
   (22-02-1763 + 1-08-1763)

2. **Manuel Antonio Fernandez de Córdoba y Pimentel.**
   9. Marqués de Mancera.
   8. Marqués de Malpica.

3. **María (Soledad) Vicentia Fermina Fernandez de Córdoba (Figueroa) Pimentel y Zúñiga.**
   (Madrid 8-07-1768 + Madrid (San Sebastian) 9-11-1788)
   ∞ **Angel Agustin Miguel Gabriel Rafael Joaquin Jose Luis Gonzaga Francisco Javier** (9-11-1788)

   Hijos del matrimonio:

   1. **Jerónimo Antonio Bernardino Francisco**
   2. **Caracciolo Luis Beltrán de Carvajal y Gonzaga.**
      (Madrid 2-3-1771 + Madrid 1793)

VI. Duque de Abrantes.	VII. Duque de Linares.
Marqués de Puerto Seguro.	Marqués de Sandoval.
Marués de Valdefuentes.	XIII. Marques de Aguilafuente.
V. Conde de Quintana de la E.	Conde de Aguilar de Inestrillas.
Conde de Villalba.	Marqués de Navamorcuende.
Señor de los Cameros.	Grande de España.
Caballero de Santiago,	Rmza Sevilla 1788.

   Le sucede su hijo:
   Manuel Antonio Fernández de Córdoba y Pimentel
   VIII. Marqués de Mancera

1748

Carlos IV

1788 -1808

1819

7. D.ª MARIA PETRONILA DE ALCÁNTARA PIMENTEL CERNESIO Y GUZMÁN
VII Marqués de Mancera

María Petronila Pimentel y Zúñiga (Madrid, 19 de noviembre de 1746-29 de enero de 1802), VII marquesa de Mancera VIII marquesa de Malpica, IX marquesa de Povar, VI marquesa de Montalbo y VII condesa de Gondomar, Grande de España.

Contrajo matrimonio el 12 de octubre de 1761 con Pedro de Alcántara Fernández de Córdoba Figueroa de la Cerda, XII duque de Medinaceli, VIII duque de Camiña, XI duque de Feria, X duque de Alcalá de los Gazules, XII duque de Segorbe, XIII duque de Cardona, etc.

Tuvieron tres hijos: 1. María Dominga Antonia Fernández de Córdoba y Pimentel que apenas vivió medio año, 2. Manuel Antonio Fernández de Córdoba y Pimentel a la postre IX Marques de Mancera y de Malpica. 3 María (Soledad) Vicentía Fermina Fernández de Córdoba Pimentel y Zúñiga que casó con Ángel Agustín Miguel Gabriel Rafael Joaquín José Luis Gonzaga. Este matrimonio, tuvo un hijo: Jerónimo Antonio Bernardino Francisco Caracciolo Luis Beltran de Carvajal y Gonzaga que tenia los títulos de: VI Duque de Abrantes, Marques de Puerto Seguro, Marques de Valdefuentes… etc etc al final, el número de títulos superaba al de nombres que tenían nuestros nobles…

A Doña María, le sucedió su hijo:
Manuel Antonio Fernández de Córdoba y Pimentel.
Como VIII Marqués de Mancera

8. MANUEL ANTONIO FERNÁNDEZ DE CÓRDOBA Y PIMENTEL 1/3

VIII MARQUÉS DE MANCERA (1802-1805)

VIII Marqués de Malpica.
VII Conde de Gondomar.
IX Marqués de Povar
Grande de España.
VII Marqués de Montalvo

Hijo de: D. Pedro de Alcántara Luis Fernández de C.

Y de D.ª María Petronila de Alcántara Pimentel
Marquesa de Mancera

1748

1788-1808 | Carlos IV

1819

Nació: **13-01-1764** Madrid
Murió: **26-09-1805** Madrid
Vivió : **41** años
Duque de Medinaceli

⚭ 1. María del Carmen Pacheco Téllez-Girón Fernández de Velasco (15/04/1781) (Mad 1765 - 1828+)

V Duquesa de Arión (por derecho propio)

Hija de **Andrés Manuel Alonso Pacheco Téllez-Girón y T.**
(Puebla de Montalbán 8-11-1728 + Madrid 11-07-1789)
VI Duque de Uceda, 7. Marques de Belmonte.
VI Conde de la Puebla de Montalbán.
Grande de España CabTO, cabOCarlosIII,

y de **María de la Portería Fernández de Velasco y Pacheco.**
(prima hermana)
Hija mayor de Bernardino Fernández de Velasco.
XI Duque de Frías. XV Conde de Haro.
y de María Josefa Pacheco Téllez-Girón y Toledo.
Hija V Duque de Uceda.
VIII Condesa de Peñaranda de Bracamonte
Marquesa del Fresno.
Grande de España.
Dama de la Reina.

2/3

Hijos del matrimonio:

1. María del Carmen Teresa Fernández de Córdoba Pacheco Téllez-Girón (18-08-1785 + joven)

Marquesa de Pomar

2. Joaquín Fernández de Córdoba Pacheco Téllez-Girón

6. Duque de Arión. que sigue.

3. José María Fernández de Córdoba Pacheco Téllez-Girón

(30-04-1789 + joven)

4. Manuel Fernández de Córdoba Pacheco Téllez-Girón

(23-5-1790 + 8-02-1828)

5. María del Carmen Teresa Fernández de Córdoba Pacheco Téllez-Girón

19-05-1791 + 11-11 1851)

⊗ **1. Jose Antonio Aazlor de Aragón y Pignatelli** (14-09-1814)

(21-10-1785 +2-05-1852).

13. Duque de Villahermosa.   10. Conde de Luna.

13. Conde de Cortes

10. Conde del Real de Valencia.

6. Conde de Guara.

Grande de España.

Con sucesión.

6. María de las Angustias Magdalena Fernández de Córdoba Pacheco Téllez-Girón (22-07-1792 +   )

1748

1788 -1808   Carlos IV

1819

3/3

1748

1788-1808 | Carlos IV

1819

OO (1807) **Fernando de Aguilera y Ruiz de Contreras al de Aguilera Contreras Galarza y Vargas**

(baut Madrid 20-08-1784 + 2-05-1838).

15. Marqués de Cerralbo.   Conde de la Oliva de Gaitán.
Conde de Foncalada.   Conde de Fuenrubia.
Marqués de Almarza.   Marques de Flores Dávila.
11. Conde de Alba de Yeltes. Conde de Villalobos.
Conde de alcudia.   2 veces Grande de España.
cabTO, cabAic, (1819)   Gentilhombre de cámara.
Presidente del Consejo de Ordenes.

Sin sucesión.

7. María de la Soledad Petronila Fer. de Córdoba Pacheco Téllez-Girón (15-06-1793 + 1828)

8. María Luisa Carlota Fernández de Córdoba Pacheco Téllez-Girón (* 1-09-1799 + 22-02-1830).

OO **1.** (21-08-1820) Gregorio Felipe de Ibarguen y Archel de Lara (*25-05-1797 + 2-06-1853)

9. María del Amparo Manuela Fernández de Córdoba Pacheco Téllez-Girón. (*6-8-1800 +1854).

A D. Manuel Antonio, le sucedió su hijo:
Joaquín Fernández de Córdoba y Pacheco
Como IX Marques de Mancera.

8. D. MANUEL ANTONIO FERNÁNDEZ DE CÓRDOBA Y PIMENTEL
VIII Marqués de Mancera

Manuel Antonio Fernández de Córdoba y Pimentel Vivió una vida breve, 41 años. (13 de junio de 1764-26 de septiembre de 1805) VIII marqués de Mancera, X marqués de Povar, IX marqués de Malpica, VIII conde de Gondomar, y VII marqués de Montalvo. Hijo de los anteriores marqueses de Mancera, M.ª Petronila de Alcántara y Pedro-Luis Fernández de Córdoba Figueiroa, Se casó el 15 de abril de 1781 con María del Carmen Teresa Pacheco y Fernández de Velasco, V duquesa de Arión. Tuvieron cinco hijos: 1. María del Carmen Teresa Fernández de Córdoba (Murió joven) 2. Joaquín Fernández de Córdoba Pacheco Téllez Girón que mas tarde sería el IX Marques de Mancera. 3. José María Fernández de Córdoba Pacheco, (que murió joven) 4. Manuel Fernández de Córdoba Pacheco (murió a los 37 años) 5. María del Carmen Teresa Fernández de Córdoba Pacheco que caso con José Antonio Aazlor de Aragón y Pignatelli (Tuvieron sucesión) 6. Maria de las Angustias Magdalena Fernández de Córdoba y Pacheco que casó con Fernando de Aguilera Y Ruiz de Contreras al de Aguilera Contreras Galarza y Vargas XV Marques de Cerralbo, Marques de Almarza, Marques de Flores Dávila, Conde de Alcudia y muchos condados más, noble cargado de títulos 2 veces Grande de España y Gentilhombre de Cámara (no tuvieron sucesión) 7. María de la Soledad Petronila F. de Córdoba Pacheco, 8. María Luisa Carlota F. de Córdoba Pacheco, que casó con Gregorio Felipe de Ibarguen y Archel. 9. Maria del A. Manuela F. de Córdoba Pacheco.

A D. Manuel Antonio, le sucedió su hijo:
Joaquín Fernández de Córdoba y Pacheco
Como IX Marqués de Mancera

9. JOAQUÍN FERNÁNDEZ DE CÓRDOBA PACHECO TÉLLEZ-GIRÓN 1/2

IX Marqués de Mancera (1848-1871)

VI Duque de Arión.
IX   Marques de Povar.
IX Marqués de Malpica.
Conde de Gondomar.
Grande de España.

Hijo de: D. Manuel Antonio M.ª de la Soledad Fernández
de Córdoba y Pimentel, Marqués de Malpica.

Y de D.ª María del Carmen Pacheco Téllez-Girón
Fernández de Velasco Duquesa de Arión

Nació: **22-04-1787** en Madrid.
Murió: **1-10-1871**   en Madrid.
Vivió : **84** años

∞ Maria de la Encarnación Álvarez de las Asturias-Bohorques
y Chacón (23-07-1814)
(Granada 7-04-1798 + Aranjuez 5-5-1863)

hija de **Nicolás Mauricio Álvarez de las Asturias
Bohorquez Guevara Enriquez de Castilla**
6. Marqués de los Trujillos.
12. Señor y 1. Duque de Gor.
Grande de España.
Gentilhombre de Cámara.
Mariscal de campo.
y de **Maráa del Carmen Chacón Carrillo de Albornoz
Medrano y Jácome de Lienden.**
De la casa de los Condes de Molina.

1830

1833 - 1870

Isabel II

1904

1845

1870 - 1873

Amadeo I de Saboya

1890

2/2

Hijos del matrimonio:

1. **Joaquín Fer. de Córdoba y Álvarez de las Asturias**
   Bohorques (* 29-07-1816 + 23-11-1847)
   2. Marqués de Povar.
   Diputado por Madrid.
   gnczOcarlosIII, gentilhombre de Cámara con
   ejercicio y servidumbre.

⚭ **María del Carmen Álvarez de las Asturias**
   Bohorques y Giraldez (3-06-1838)?
   (su prima hermana) (*Madrid 14-12-1820 + 13-02-1895) 1.ª Condesa de
   Santa Isabel
   Hija de Mauricio Nicolas Álvarez de las Asturias Bohorques Chacón
   Carrillo de Albornoz Guevara.
   2. Duque de Gor.
   y de María de la O. Giraldez y Cañas.
   8. Vizcondesa de Valoria.

Hijos del matrimonio:

1. **Joaquin Fernando Manuel Pedro Fernández de**
   Córdoba y Osma
   11. Marqués de Mancera.
   7. Duque de Arión

2. **Alfonso Fernández de Córdoba y Álvarez de las**
   Asturias Bohorques
   (*8-7-1823 + 21-03-1903).
   X Marqués de Mancera.
   Grande de España. (1872)

A D. Joaquín, le sucedió su hijo:
Alfonso Fernández de Córdoba y Álvarez
Como X Marques de Mancera

1833 - 1870 — Isabel II — 1830 / 1904

1870 - 1873 — Amadeo I de Saboya — 1845 / 1890

9. D. JOAQUIN FERNÁNDEZ DE CÓRDOBA Y PACHECO
IX Marqués de Mancera

Joaquín Fernández de Córdoba y Pacheco (Madrid, 22 de abril de 1787-Madrid, 1 de octubre de 1871), X marqués de Malpica, IX conde de Gondomar, XIX señor de Parla, XX señor de Valdepusa, VI duque de Arión y grande de España, fue un militar y aristócrata español que ostentó los cargos de caballerizo mayor y sumiller de corps de la reina Isabel II.[1]

Era hijo de Manuel Antonio Fernández de Córdova y Pimentel, IX marqués de Malpica y de Teresa del Carmen Pacheco Tellez-Girón, que en 1775 se había convertido en V duquesa de Arión.

Tenía múltiples contactos familiares con la Corte. Sin ir más lejos, su abuelo paterno, el XII duque de Medinaceli, fallecido en 1789, había sido mayordomo mayor de Carlos III, jefe de su Real Casa y, antes, caballerizo mayor de la reina viuda Isabel de Farnesio y, del príncipe de Asturias Carlos.

Retrato de Joaquín Fernández de Córdoba

En 1793 fue nombrado capitán del Regimiento de infantería de las Órdenes militares, que mandaba su padre, y, en 1799, fue trasladado al Regimiento de infantería de Málaga. Fallece el marqués de Malpica en 1805, heredando el título Joaquín. En la jornada de levantamiento del 2 de mayo combatió al frente de un puñado de paisanos en el puente de Toledo para marchar después al ejército de Extremadura, siendo ascendido a coronel de caballería.

Participó en varias acciones contra las tropas francesas en marzo de 1809 y fue ascendido a brigadier el 8 de abril de 1810. Participó en la batalla de Talavera y en la batalla de Ocaña. En agosto de 1811 fue nombrado ayudante de campo del general Castaños y siguió los movimientos del ejército en Extremadura, Galicia y Castilla.

Terminada la guerra, se casó el 16 de junio de 1814 con María de la Encarnación Álvarez de las Asturias-Bohorques, hija del duque de Gor, y el rey Fernando VII le nombró brigadier efectivo. Sucedió a su madre en el título ducal al fallecer ésta en 1828. Con tal importante

Retrato M.ª E. del Carmen Álvarez…

posición, fue nombrado poco después gentilhombre grande de España con ejercicio y servidumbre de rey.

Por sus simpatías con el movimiento del Trienio Liberal fue, tras su fracaso, despojado de sus honores palatinos por el llamado Decreto de Andújar y, sólo restaurado en ellos, en 1829 a raíz del matrimonio del monarca con María Cristina de Borbón-Dos Sicilias.

Con el acceso al trono de la nueva reina Isabel II en 1833 su suerte cambió drásticamente ya que gozaba de la entera confianza de la reina gobernadora. Senador por la provincia de Toledo en 1834, en 1839 se le concedió la Gran Cruz de la Orden de Carlos III y fue nombrado para su primer puesto palatino, el de caballerizo mayor de la reina. En 1845 fue nombrado senador vitalicio y, dos años, más tarde alcanzó el grado de Mariscal de campo, con el que sirvió desde el 13 de junio de 1847 en el puesto de primer jefe Comandante General de Reales Guardias Alabarderos.

En 1854 cesó como caballerizo y ocupó unos meses la Sumillería de Corps de la reina. Ésta le concedió, por sus reiterados servicios a la Corona, el Collar de la Orden del Toisón de Oro el 3 de junio de 1851.

En 1865 la reina volvió a nombrarle sumiller de corps encargado de su Real Cámara, cargo que ocupó hasta el derrocamiento de la monarca tres años después.

Su actitud tras la revolución, en el que se mantuvo fiel a la reina, negándose a prestar juramento al Rey Amadeo I hizo que perdiese todos sus grados y honores militares.

Cargos y oficios civiles y militares.

Senador vitalicio por Toledo.

Escribano Mayor de las Rentas del Reino de Galicia y del Principado de Asturias.

Mariscal de Campo Caballerizo Mayor, Montero Mayor y Ballestero Mayor de Isabel II.

Sumiller de Corps.

Jefe Superior Honorario de Palacio.

Primer Comandante de Alabarderos.

Caballero del Toisón de Oro.

Gran Cruz de Carlos III.

Gran Cruz de San Hermenegildo.

Cruz por la batalla de Talavera la Reina.

Cruz del Tercer Ejército.

Cruz de la Fuga de Madrid.

Caballero de San Jenaro de Nápoles.

Gran Cruz de la Orden Imperial de la Rosa del Brasil.

A D. Joaquín, le sucedió su hijo:
Alfonso Fernández de Córdoba y Álvarez
Como X Marqués de Mancera

10. ALFONSO FERNÁNDEZ DE CÓRDOBA Y ÁLVAREZ DE LAS ASTURIAS BOHORQUES

X Marqués de Mancera

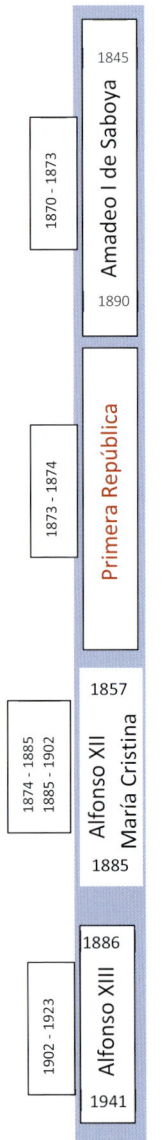

1845

Amadeo I de Saboya

1870 - 1873

1890

Primera República

1873 - 1874

Alfonso XII
María Cristina

1857

1874 - 1885
1885 - 1902

1885

Alfonso XIII

1886

1902 - 1923

1941

(1871-1903) 32 años.
Grande de España
Nació: 8-07-1823   Córdoba.
Murió: 21-03-1903   Madrid.
Vivió **79** años

Hijo de: D. **Joaquín Fernández de Córdoba Pacheco Tellez-Giron...**

IX Marqués de Mancera. (1805-1871)
VI Duque de Arión.
 IX   Marques de Povar.
VIII Marqués de Malpica.
 Conde de Gondomar.
 Grande de España.

Y de D.ª **María de la Encarnación Francisca de Asís Bohorques y chacón**
Dama de la reina María Luisa.

Murió soltero y sin descendencia.

A D. Alfonso, le sucedió su hermano:
Joaquín Fernando Manuel Pedro de Alcántara F. DE C. Y Osma
Como XI Marqués de Mancera.

11. JOAQUÍN FERNÁNDO MANUEL PEDRO DE ALCÁNTARA FER. DE CÓRDOBA Y OSMA 1/2

XI Marqués de Mancera (1903-1957)

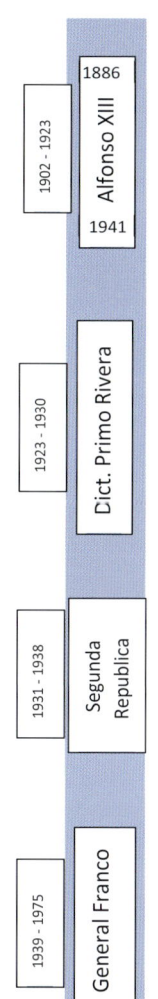

XI. Marqués de Mancera (1903-1957)

VIII. Duque de Arión 2 veces Grande de España.

IX.   Duque de Cánovas del Castillo

II. Marqués de la Fuente.

XII. Marqués de Povar

V. Marqués de la Puente y Sotomayor.

II. Marqués de Cubas.

IV. Marqués de Griñon.

XI. Marqués de Malpica.

X. Marqués de Valero.

X. Conde de Berantevilla.

II. Marques de Alboloduy.

II. Conde de Santa Isabel.

Nació: **21-09-1870** en Biarriz (Francia)

Murió: **9-11-1957** en Madrid. Vivió **87** años

Hijo de: **D. Joaquín Fernández de Córdoba Pacheco y Tellez-Girón**

IX Marqués de Mancera

Y de D.ª **M.ª de la Encarnación Francisca de Asís Bohorques y Chacón..**

∞ **María de la luz Mariátegui y Pérez de Barradas.**

(1831-)

IV. Marquesa de Bay.

Hijos del matrimonio:

Fernando Fernández de Córdoba y Mariátegui

1906-1938

VIII Marqués de Povar

∞ **Natalia Larios y Fernández de Villavicencio.**

1903-1986

2/2

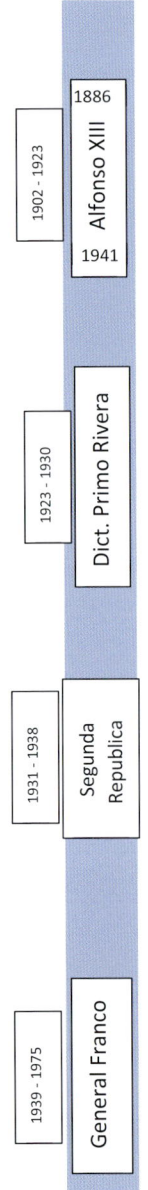

Hijos:

1. **Gonzalo Fernández de Córdoba y Larios**
   (1934-2013)
   XII Marqués de Mancera

2. **Hilda Fernandez de Córdoba y Mariategui**
   (1908-1998)
   Condesa de Santa Isabel
   ⊕ **Manuel Falcó y Escandón** (1892-1978)
   IX Duque de Montellano

3. **Jaime Fernandez de Córdoba y Mariategui**
   (1909-1994)
   Marqués de la Puente y Sotomayor.
   ⊕ Pilar Aznar y Coste (1921-2002)

4. **Rocio Fernandez de Córdoba y Mariategui**
   Soltera.   (1911-1919)4?

5. **Gonzalo Fernandez de Córdoba y Mariategui**
   Soltero.   (1913-1934)

6. **Rafael Fernandez de Córdoba y Mariategui**
   (1916-1923)

Unió el marquesado de Mancera
al Ducado de Arión.

Le sucedió su nieto:
Gonzalo Fernández de Córdoba y Larios
Como XII Marqués de Mancera

11. D. JOAQUIN FERNANDO FERNÁNDEZ DE CÓRDOBA Y OSMA
XI Marqués de Mancera

Joaquín Fernando Fernández de Córdoba y Osma, XI Marqués de Mancera, VIII Duque de Arión Biarriz (Francia)...

Sus padres fueron: Joaquín Fernández de Córdoba Pacheco y Téllez Girón, abogado diputado y senador, y M.ª de la Encarnación de Asís Bohórquez y Chacón.

Disfrutó de una esmerada educación como correspondía a su linaje de gran abolengo, además fue sobrino de Cánovas del Castillo ya que este, al quedar viudo, se casó en segundas nupcias con Joaquina de Osma hermana de su madre.

Perteneció como toda su familia al partido conservador y fue elegido diputado por Toledo en las elecciones de mayo de 1896. Legislatura (1896-1897) y en las de abril de 1903 (Legislatura 1903-1905)

El 3 de octubre de 1905 solicitó su ingreso en el Senado por su calidad de Grande de España 8 Parrfo 2.º del artículo 21 de la constitución. Fue admitido el 20 de noviembre y juró el cargo el 16 de noviembre de 1905.

Este mismo año, contrajo matrimonio con María Luz Mariátegui Pérez Barradas, IV Marquesa de Bay.

Finalizada la actividad del Senado, con la dictadura dee Primo de Rivera, se incorporó al régimen militar y f927-1928 y 1928-1929 en calidad de representante del Estado.

Fue marqués de Alboloduy, duque de Cánovas del Castillo, marques de Malpica, Marques de Mancera y de Povar, marqués de cubas y de Griñón y cinco veces Grande de España.

Fue condecorado con la Gran Cruz de Carlos III, de la Corona de Prusia, de Santa Ana de Rusia, y de Victoria de Inglaterra,

También obtuvo la Gran Cruz del Mérito Militar y la medalla del Rif.

Fue maestrante de Sevilla, vocal permanente de la Diputación de la Grandeza, vicepresidente del Real Automovil Club de España, Consejero general de la carretera Madrid-Paris y gentilhombre de Cámara de Su Majestad con ejercicio y servidumbre.

Gran cazador, en palabras del Conde de Yebes, el Duque de Arión era montero de los de zurrón a la espalda, infatigable en el andar y que no perdonaba la menor distracción o negligencia ni que se infringiesen las reglas de la montería –para él sagradas–.

Fue el Marqués de Mancera, exponente máximo del verdadero montero español, con una afición que nadie igualó y un conocimiento que imponía respeto. Practico la montería como un verdadero rito, y cuando él la dirigía, era un verdadero deleite para los afortunados aficionados comprobar las formas en que se observaban todas las reglas del «*bien montear*»

El palacio de los marqueses de Mancera, –semidestruido ya– fue vendido por D. Joaquín Fernández de Córdoba y Osma, D. Manuel García Blázquez casado con D.ª Salomé Martínez Hernández –residentes en Mancera– mediante escritura pública de compraventa realizada ante el notario del ilustre colegio de Madrid D. Luis Ávila Pla, el día 13 de marzo de 1940.

Los propietarios actuales de este palacio, son los hermanos Carlos Martínez García y María de los Ángeles Martínez García que son sus legítimos herederos.

D. Joaquín, falleció en Madrid el 19 de noviembre de 1957.

Le sucedió su nieto:
Gonzalo Fernández de Córdoba y Larios
Como XII Marqués de Mancera

12. GONZALO ALFONSO FERNÁNDEZ DE CÓRDOBA Y LARIOS

XII. Marqués de Mancera (1959-2013)

IX. Duque de Arión.

III. Duque de Cánovas del Castillo. (30-12-1961)

XIII. Marqués de Malpica.   XI. Marqués de Valero.

XII. Marqués de Povar   IV. Marqués de Alboloduy

3. veces Grande de España.

Hijo de: D. Fernando Fernández de Córdoba y Mariátegui.

VIII Marqués de Povar

y de D.ª Natalia Larios y Fernandez de Villavicencio

Nació: **14-02-1934** en Málaga. Murió: Madrid 12-08-2013

∞ **Beatriz Prinzessin zu Hohenlohe-Langenburg e Iturbe**

(El Quexigal 7-05-1959 – div 1990) (* Rothenhaus 5-05-1935   )

Hija **de Prinz Max Egon Maria Erwin Paul zu Hohenlohe-Langenburg.**

(*Rothenhaus 19-11-1897 + Marbella 13-08-1968)

y de **María de la Piedad Iturbe y Scholtz-Hermensdorrff.**

(*Paris 31-08-1892 + Madrid 26-11-1990)

2. Marquesa de Belvis de las Navas.

Hijos del matrimonio:

1. **Marina Fernández de Córdoba y Hohenlohe** (1-08-1960)

XIII Marquesa de Mancera, Marquesa de

∞ Bay. **Jaime de Soto y López-Doriga.**

2. **Joaquín Fernández de Córdoba y Hohenlohe.** (* 14-09-1961)

Marqués de Povar.

∞ **Diana María Langes-Swarovsky**. (Hall, Tyrol 29-6-1996**)**

Hijos del matrimonio:

1 Joaquín Fernández de Córdoba y Langes-Swarovsky

3. **Fernando Fernández de Córdoba y Hohenlohe.** (* 4-11-1963)

Marqués de Alboloduy.

∞ - María de los Reyes Mitians y Verea

Le sucedió su hija: Marina Fernández de Córdoba Hohenlohe-Langenburg como XIII Marques de Mancera

---

1939 - 1975 | General Franco

1938

1975 - 2014 | Juan Carlos I

vivo

12 D. GONZALO ALFONSO FERNÁNDEZ DE CÓRDOVA Y LARIOS
XII Marqués de Mancera

D. Gonzalo Alfonso Fernández de Córdova y Larios, –elegimos Córdova en vez de Córdoba ciñéndonos a los documentos oficiales estatales, aunque ambas alternativas parecen válidas en la familia–. nació en Málaga el 14 de febrero de 1934, ostentaba los títulos de XII Marqués de Mancera, IX Duque de Arión, III Duque de Cánovas del Castillo, XIII Marqués de Malpica, XVI Marques de Povar IV Marques de Alboloduy, XI Marques de Valero y IV Marqués de Bay y además, fue Grande de España.

En otro orden de cosas, D. Gonzalo fue un gran empresario pionero en la agricultura industrializada moderna. Que obtuvo la medalla al mérito agrícola y, además, como deportista, fue un gran regatista español que reúne el privilegio de haber sido el primer andaluz abanderado de España en unos juegos olímpicos y el único en las Olimpiadas de verano, circunstancia que acaeció en México 1968.

Heredó en Marquesado de Mancera de su abuelo Joaquín Fernando M. P. de A. Fernández de Córdoba y Osma.

Es hijo del madrileño **Fernando Fernández de Córdova** VIII Marqués de Pomar, Duque de Arión, Teniente de Navío Gentilhombre de Cámara de su S. M. el rey Alfonso XIII y de la malagueña **Natalia Larios y Fernández de Villavicencio,** apenas conoció a su padre, oficial de la Armada que falleció en Cartagena en 1938 durante el hundimiento del crucero Baleares, en la Guerra Civil.

A raíz de dicho suceso, Gonzalo y su madre marcharon a vivir a la finca El Cobre que la familia materna poseía en Algeciras.

Allí fue donde nuestro protagonista creció, aunque sin perder el contacto con Málaga habida cuenta los desplazamientos que efectuaba su madre a su ciudad de origen –pese a que ella nació circunstancialmente en Francia–. Fue precisamente la madre de Gonzalo, Talía –como se le llamaba–, la que le inculcó el amor por la navegación en barco y le enseñó las primeras técnicas y maravillas de la vela a la edad de 10 años. Con tanto acierto y buena pedagogía que las habilidades de Gonzalo se manifestaron de inmediato.

Así, en 1949, Gonzalo de patrón y su madre de tripulante comenzaron la participación en regatas oficiales en la clase snipe a bordo de la embarcación que llamaron Canuto –nombre que inició una saga de siete barcos y que respondía al nombre de otra finca de su madre en Algeciras– y bajo la estructura del Club Náutico de Algeciras. Este fue el comienzo competitivo de una figura indispensable en la historia del deporte andaluz y del que a continuación desbrozamos su vida no deportiva.

Desde este enfoque, 1959 fue un año importante para nuestro protagonista, quien a enero recibió oficialmente, como herencia de su abuelo Joaquín Fernández de Córdova y Osma –fallecido en 1957–, los títulos de IX duque de Arión, XII marqués de Mancera y III duque de Cánovas del Castillo, a los que unía los de XIII marqués de Malpica, XVI marqués de Povar, IV marqués de Alboloduy, XI marqués de Valero y IV marqués de Bay. Tras la sucesión, marchó a la localidad toledana de Malpica de Tajo para hacerse cargo de la explotación agropecuaria de la finca familiar.

Asimismo, unos meses después, el 5 de mayo, contrajo matrimonio con la alemana Beatriz Von Hohenlohe, con la que tendría tres hijos Marina (1960), Joaquín (1961) y Fernando (1963) posteriormente se casaría en segundas nupcias con M.ª Reyes Mitjans y Vera, marquesa de Ardales.

Instalado en Malpica y en el relevante castillo que distingue el dominio, en dicho pueblo desarrollaría gran parte de su vida, siendo reconocida su gestión agroindustrial con la Medalla de la Orden del Mérito Agrario, Pesquero y Alimentario, aunque también alternó residencia en Marbella (Málaga) y, sobre todo, Madrid, donde falleció el 12 de agosto de 2013, a los 79 años de edad. Sus restos mortales se encuentran en el panteón familiar del cementerio de Malpica de Tajo.

Deportivamente hablando, el recorrido del malagueño en el alto rendimiento comenzó en 1955, cuando con 21 años fue seleccionado para representar a España en la segunda edición de los Juegos Mediterráneos, que se disputaron en el mes de julio en Barcelona, siendo el primer gran evento deportivo que albergaba España desde la instauración del régimen franquista. En el puerto de la Ciudad Condal, el andaluz logró la medalla de bronce en la clase snipe, después de tres días de competición y otras tantas regatas, teniendo como tripulante a Gonzalo Pérez de Guzmán San Román, quien a última hora sustituyó a Luis Triay.

En efecto, en aquellos Juegos nuestro andaluz estaba inscrito con este navegante de familia gibraltareña que durante la II Guerra Mundial salió del Peñón por temor a una posible invasión alemana y se instaló en Algeciras, coincidiendo en tal entorno con Gonzalo, de edad, aficiones deportivas y estatus social similares. De este modo, entre Gonzalo y Luis se forjó una alianza y amistad que, en el escenario deportivo, deparó 4 títulos de campeones de España de snipe –Málaga 1958, Bilbao 1959, Las Palmas de Gran Canaria 1961 y Palma de Mallorca 1962–, además de un subcampeonato –Bilbao 1957– y otros 4 triunfos en la Regata de Invierno –actual Trofeo SM El Rey– de Málaga, en los años 1957, 1958, 1962 y 1963.

No obstante, por encima de todos estos logros, el brillo del binomio gravita sobre la medalla de bronce alcanzada en 1961 en el Campeonato del Mundo de snipe, que tuvo lugar en las aguas de Rye, en el estado de Nueva York (EEUU), al ocupar la tercera plaza por detrás del barco brasileño y los anfitriones. Pero antes de dicho logro universal, el navegante malagueño, ya adscrito al Real Club Mediterráneo de Málaga, efectuó en 1960 una breve incursión en la clase monoplaza finn con el objetivo de competir en los Juegos Olímpicos de Roma 1960. Dicho y hecho. Ese año se proclamó campeón de España en Barcelona y obtuvo el ansiado billete directo para la sede olímpica de Nápoles, donde, luego de las 7 regatas programadas y a bordo de la embarcación De Córdoba, totalizó 2.555 puntos netos y se clasificó en la 21.ª posición (entre 35 barcos), siendo testigo asimismo el 7 de septiembre, último día de competición, de una de las gestas de la historia olímpica, como fue la cuarta medalla de oro consecutiva en otros tantos Juegos de la leyenda danesa Paul Bert Elvstrom (8.171 puntos), tercera en finn.

Si exitosa fue la etapa del andaluz en snipe y en finn, con el mismo calificativo cabría referenciar su trayectoria en flying dutchman, patroneando otra saga de barcos, hasta cinco, que se denominaron Malagueña. La primera piedra a su extenso palmarés la colocó el 23 de marzo de 1959, cuando se alzó en Barcelona –no consta el nombre de su tripulante– con la primera medalla de oro nacional de esta división de la vela ligera, que estrenaba Campeonato de España. Posteriormente, a la primigenia presea unió otras tres, ganando los Nacionales de Vigo 1964, Palamós 1967 y Arenys de Mar 1968, en compañía de Félix Gancedo (1964 y 1968) y Antonio Rodríguez Sales (1967).

Mención aparte merece el relato de la temporada 1964, en la que el *nauta* malagueño fue incluido por la Federación Española de Clubes Náuticos en un selecto grupo de preolímpicos que hubo de seguir un plan específico de preparación de las Olimpiadas de Tokio 1964. En él se encontraban únicamente el vizcaíno Juan Olábarri (finn) y dos patrones malagueños y compañeros de club, por un lado Fernández de Córdova –con Gancedo de tripulante– y por otro Pedro Casado, que aspiraban a representar a España en flying dutchman. En cualquier caso, la participación olímpica estaba condicionada a realizar «actuaciones convincentes» en las pruebas internacionales estivales previas a los Juegos y al final la decisión federativa fue que solo Olábarri compitiese en Tokio, dejando en tierra tanto al duque como a Casado.

Lejos del desánimo, en el siguiente período olímpico la nueva alianza deportiva creada con Félix Gancedo dio los frutos deseados y que no fueron otros que el regreso a las Olimpiadas, una vez superadas las distintas pruebas selectivas que impuso la federación española, entre ellas fundamentalmente el Campeonato del Mundo de 1967, en Montreal (Canadá), y el Campeonato de España de 1968, en los que el duque de Arión superó a su gran rival en la carrera olímpica: Pedro Casado Bolín.

De esta forma, el malagueño llegó otra vez a la cima de los Juegos Olímpicos en 1968, en esta ocasión además con el honor de portar la bandera española al frente del equipo nacional en la ceremonia de inauguración llevada a cabo el 12 de octubre en el mayestático Estadio Olímpico de Ciudad de México. Tras el reseñado desfile, se trasladó a la sede olímpica de Acapulco, en la que Fernández de Córdova, como patrón, y Gancedo, como tripulante, acumularon 101,7 puntos en las siete regatas programadas, lo que les otorgó el 21 de octubre el 11.º puesto (entre 30 barcos), lejos de los vencedores, los británicos Rodney Pattison e Iain MacDonald-Smith, con 3,0 puntos.

Dentro del nuevo ciclo olímpico, el duque de Arión continuó con los entrenamientos en el mar y las participaciones –quizás con menor intensidad que en los años anteriores– en regatas de distintas clases, aunque de cara al año 1972 se centró exclusivamente en la clase dragón –que en los Juegos de Múnich se despedía del programa olímpico– como tripulante del Fortuna, embarcación patroneada por Juan Carlos de Borbón, entonces Príncipe de España, y adscrita al Real Club Náutico de Barcelona.

Para la designación del barco que había de representar a España en esta clase en la rada olímpica de Kiel, en septiembre, la federación estableció cinco regatas selectivas: Regata de Navidad (Barcelona, diciembre de 1971), Campeonato de España (Barcelona, febrero), Trofeo Princesa Sofía (Palma de Mallorca, marzo), Campeonato de Europa (Hyéres, Francia, abril) y Semana Preolímpica de Kiel (junio). En el global de estas cinco pruebas, el Fortuna superó con creces a sus rivales nacionales, pues fue 2.º en la Christmas Race –única derrota, ante el Perseguido de Ramón Balcells–, medalla de oro en el Nacional –el Fortuna ya había vencido en 1969 y 1971–, 4.º clasificado en Palma –y primer español–, 10.º en el Europeo –y primer español– y 14.º en Kiel –y primer español–, y confirmó su buen estado de forma con un 12.º puesto en la Copa de Oro de Copenhague, en julio. Por tanto, este balandro recibió la designación olímpica.

Pero, ¿con qué tripulación? Indiscutibles Juan Carlos de Borbón (patrón) y el duque de Arión (medio), el lugar de segundo tripulante (proel) terminó siendo atribuido a Paco Viudes, presente en la mayoría de las selectivas y en la Gold Cup, en detrimento de Juan Antonio Ragué, proel en las dos primeras selectivas. No obstante, una lesión de Viudes en los entrenamientos previos a la competición olímpica obligó a su sustitución por el también andaluz Félix Gancedo, desplazado a Alemania como tripulante de complemento de entrenamiento.

Así, nuestro protagonista, Gonzalo Fernández de Córdova, en sus terceros Juegos Olímpicos, volvió a luchar con los mejores del mundo y concluyó, junto a sus compañeros, el 8 de septiembre y al término de la 7.ª y última regata en Kiel, en la

15.ª plaza (de 23 balandros), con 111 puntos, habiéndose adjudicado la victoria los australianos John Cuneo, Thomas Anderson y John Shaw (13,7).

Después de estos Juegos, los objetivos competitivos del duque de Arión, a pesar de su intensa actividad en el mar, pasaron a un segundo plano en beneficio del disfrute de la navegación y diversas actividades sociales, a pesar de lo cual mantuvo su compromiso con Juan Carlos de Borbón, Gancedo y el Fortuna proclamándose –mostrando el conjunto más cohesión que en los Juegos– campeones de España en Arenys de Mar 1973, Barcelona 1974 y Palma de Mallorca 1975, y triples vencedores del Trofeo Princesa Sofía en las mismas temporadas.

A partir de 1976, con esta filosofía del disfrute en la navegación, Gonzalo Fernández de Córdova compitió enrolado en barcos más pesados –cruceros–, muestra de lo cual el 2.º puesto obtenido en la Copa Miami-Nassau de 1976, así como una destacada participación en 1977 en el XXVIII Campeonato Internacional del Mediterráneo, en Palma, y en la prestigiosa Admiral's Cup, donde, a bordo del Azahara y junto al ya rey Juan Carlos I, contribuyó a la 9.ª plaza de España –se compitió por naciones hasta 2003, con tres barcos representantes por cada país.

En 1988, posiblemente en su última competición significativa, Gonzalo, patroneando el Larios, obtuvo la medalla de plata en el Campeonato del Mundo de Cruceros de 3/4 de tonelada, celebrado en Isla de Elba (Italia) del 23 de septiembre al 1 de octubre, precisamente el día de la clausura de los Juegos Olímpicos de Seúl. En 2004 recibió el Premio Andalucía de los Deportes.

MATRIMONIO Y DESCENDENCIA

D. Gonzalo se casó con: **Beatriz de Hohenloge-Langenburg e Iturbe** (5/5/1959) Princesa de Hohenloge-Langenburg e Iturbe, con ella tuvo tres hijos:

1. Marina Fernández de Córdoba y Hohenloge, Marqués de Bay 1960
2. Joaquín Fernández de Córdoba y Hohenloge, Duque de Arión 1961
3. Fernando Fernández de Córdoba y Hohenloge, Marqués de Albododuy 1963. Después caso con Doña Maria de los Reyes Mitjans y Verea (1991) Marqués de Ardales, Hija de Carlos Alfonso de Mitjans y Fitz James Stuart. –Conde de Teba– y de Elena Verea y Corcuera.

**A D. Gonzalo le sucedió su hija:
Marina Fernández de Córdoba y Hohenlohe-Langenbur
actual XIII Marquesa de Mancera**

13. MARINA FERNÁNDEZ DE CÓRDOBA HOHENLOHE-LANGENBURG

XIII MARQUESA DE MANCERA

Marquésa de Bay

Nació: 1 Agosto 1960

Hija de: **Gonzalo Fernandez de Córdoba y Larios**
XII. Marqués de Mancera,
IX. Duque de Arión. XI. Marqués de Valero
III. Duque de Cánovas del Castillo. XIII. Marqués de Malpica.
XII. Marqués de Povar, IV. Marqués de Alboloduy
3. veces Grande de España.

Y de: **Beatriz Prinzessin de Hohenlohe-langenburg**

⚭ Jaime de Soto y López Dóriga.
Hijo de **José de Soto y Domecq**
Maestrante de la Real Maestranza de Caballería de Sevilla
y de **Elena Lopez-Doriga Ybarra**
Como testigos de boda estuvieron:
Guillermo Morenés Mariategui
y Ana Patricia Botín de Santorola O'Shee
Hijos del matrimonio:

1. **Beltrán de Soto López Dóriga**

2. **Miguel de Soto Lóp Dóriga.**

13 D.ª MARINA FERNÁNDEZ DE CÓRDOBA Y HOHENLOHE-LANGENBURG
XIII Marqués de Mancera

Doña Marina Fernández de Córdoba y Hohenlohe-Langenburg nació el 1 de Agosto de 1960 y es hija de D. Gonzalo Fernández de Córdoba y Larios y de Beatriz Prinzessin de Hohenlohe-langeburg creció en el famoso castillo de Malpica de Tajo, heredando el marquesado de Mancera de su padre y además, ostenta el de Marquesa de Bay.

A los 15 años, marcha a Inglaterra a estudiar los últimos cursos del instituto y, después de pasar un año en Viena, marcha a Boston para estudiar arte oriental en el Wellesley College –universidad a la que fue Hilary Clinton– Antes de volver a Madrid, pasa una temporada en Nueva York trabajando en el Metropolitan Museum y aprendiendo chino.

Ya en España, trabajó con el interiorista Paco Muñoz en casa jardín, el padrastro de la Chef Samantha Vallejo Nájera y padre de la galerista Mafalda Muñoz.

Funda su propio anticuario en el selecto barrio de Salamanca de Madrid y tuvo la suerte de colaborar con otro grande de la Costa del Sol, Jaime Parladé y participar con el mítico decorador Duarte Coelho en espacios tan exclusivos como la finca Cortesín.

Esta noble, en cuya genética lleva siglos mezclando sangre alemana con española, encontró en 1998 un molino del s. XVII escondido en Manilva (Málaga) alejado de las voraces urbanizaciones de la costa del sol y de la boyante Marbella de la «jet» que gesto su tío Alfonso Hohenlohe. Allí decidió quedarse y criar a sus dos hijos Beltrán y Miguel. Este lugar que perteneció a la poderosa familia Larios (familia de su abuela paterna) actualmente lo alquila para eventos exclusivos con la máxima discreción bajo el nombre de Molino del Duque.

Marina Fernández de Córdova Hohenlohe es reconocida como una de las decoradoras más prestigiosas de España. Ha recorrido el mundo buscando siempre la inspiración para dar origen a un concepto de diseño de mobiliario que lleva detrás la historia de sus travesías y su pasión por descubrir nuevas culturas y estilos de vida.

Su marca, **Marquesa de Mancera**, cerró su artesano negocio de muebles en la costa del sol y recientemente fue presentada en México a través de Casa Palacio donde dio a conocer sus diseños, ante un selecto grupo de invitados y amigos, en la joya colonial San Miguel de Allende.

Por suerte, este lugar, está en el Estado de Michoacán, donde siglos atrás vivió la marquesa de Mancera, el título que ella tiene ahora y que llegó a ser **virreina de Nueva España** y mecenas de Sor Juana Inés de la Cruz. Dos enclaves: Manilva y San Miguel de Allende donde, sin darse cuenta, ha vuelto a sus raíces históricas.

Allí en México, Marina tiene su galería taller y colabora con otros artistas locales. Su negocio se llama **Marquesa de Mancera** y nunca pensó que aquel viaje con una amiga iba a culminar encontrando el lugar de sus sueños. «Imagina que yo pensaba desmontar mi negocio en Manilva e irme a Bali, Indonesia», dice. Sus principales clientes son las fortunas del país y las afincadas en California. «Casi no se necesita publicidad. Funciona muy bien el boca a boca. En San Miguel de Allende hay además muchos extranjeros viviendo, hay un ambiente muy artístico y valoran mucho la artesanía en madera con diseño antiguo europeo, que es en lo que estoy especializada. Los cabeceros de época funcionan muy bien.

En México se valora mucho el trabajo artesano», dice mientras enseña el lugar, que tiene en todas las maderas tanto del edifico principal como de la casa de invitados y el mobiliario dos tonos de un azul que no llega a ser ni el añil de La Mancha ni el típico de las postales griegas. Es el azul de Marina. El azul del Molino del Duque. Y el azul del kaftan con el que hoy nos recibe radiante.

Tuvo la suerte de colaborar con otro grande la Costa del Sol, **Jaime Parladé,** y participar con el mítico decorador **Duarte Coelho** en espacios tan exclusivos como es la **Finca Cortesín**, a menos de veinte minutos de su casa.

«He llegado a México en el momento profesional justo, con mucha experiencia, algo que en España no se valora. Cualquiera hoy se pone la medalla de decorador y no se respeta la trayectoria profesional», afirma esta mujer que llegó a tener en Manilva a seis artesanos locales en nómina y exportaba al extranjero hasta que llegó la crisis en 2006.

«Me quedé de pronto sin trabajo», confiesa. Un río, tapizado de nenúfares, discurre debajo de la casona principal y da vida a la fuente que chorrea para la fuente de piedra de la entrada y para el estanque que da acceso a la cocina. El rumor del agua está presente en todos los rincones. Cuando se marchó a México nunca se le pasó por la cabeza vender este lugar con un hermoso centenario de piedra de Tarifa, repleto de antigüedades, piezas hechas a mano por ella y de rincones creados con su estilo inconfundible. «Mis hijos se han criado aquí; **yo gesté en esta tierra (ingrata eso sí) mi negocio**. No podíamos perder nuestras raíces», explica. Por eso decidió ponerlo en alquiler para bolsillos elevados. La casa d**e cuatro plantas, tiene**

6 habitaciones, y capacidad para que duerman 12 personas, dos de ellas en la casa de invitados. «Se arrienda para bodas, para eventos exclusivos.

La propiedad tiene su propio agente en **Sotogrande,** las wedding planners de la jet ya lo tienen en su agenda y ya son muchos los que se han enamorado de este oasis en el poco tiempo que lleva abierto al público.

Cuenta que viene muchos extranjeros pero también españoles. Y detalla que hace poco vino una pareja, mitad inglesa mitad española, residente precisamente en Sotogrande, que ya tenían su sitio para casarse y cancelaron al ver las posibilidades del Molino del Duque. «Hasta ahora los novios se quedan tres noches. El lugar engancha». Eso sí, no da ningún nombre de sus ilustres huéspedes.

MATRIMONIO Y DESCENDENCIA

Doña Marina caso con: **Jaime de Soto y López Dóriga**, hijo de José de Soto y Domecq Maestrante de la real Maestranza de Caballería de Sevilla y de Elena López-Dóriga Ybarra.

Como testigos de boda asistieron: Guillermo Morenés Ariategui y Ana Patricia Botín de Santorola O'Shee.

Tuvieron dos hijos: Beltrán de Soto López Dóriga y Miguel de Soto López Dóriga.

Palacio de los Marqueses de Mancera… Marqueses de Malpica, En Malpica de Tajo (Toledo)

Palacio de los, Marqueses de Mancera… en Úbeda (Jaén)

Llegada a Mancera de El convento

(Una vocación de 500 años)

EL CONVENTO ACTUAL

La palabra convento viene del latín *conventus*, «asamblea» o «congregación». El Convento de Mancera, es una institución **cristiano religiosa donde habitan en comunidad monjas de clausura.**

Está situado al final de la calle que lleva su nombre y en la acera opuesta a la del palacio que fuera residencia de los Señores de Mancera y que, en su día, posibilitaron su llegada desde Duruelo.

Entrada a la Iglesia del convento

Se extiende sobre una superficie que ronda las dos Ha. (cuatro huebras) más o menos y está rodeado por una robusta y limpia tapia de cemento blanco de unos cuatro metros de altura que permite dar privacidad a la huerta y a los demás edificios de clausura que alberga.

Prácticamente estas cuatro paredes constituyen el límite geográfico de la vida monacal; y como símbolo del conjunto en la distancia, casi en el centro de la huerta, –*que siempre labraron con esmero durante la segunda mitad del s. xx tanto Faico como Pablo*– el esbelto cedro verde oscuro de gran altura, como un elegante paraguas, en el que hemos dejado clavadas nuestras pupilas casi todos los manceranos en la infancia. Por cierto que como consecuencia de anidar en él las cigüeñas, se han producido –varias veces ya– algunos desprendimientos de ramas, que han dañado a *nuesta mascota* vegetal.

Al norte del Convento, se encuentra *la casa del demandadero*, con el mismo tipo de construcción, vivienda sencilla con un pequeño patio algunas veces convertido en taller por **Juan Mancebo** en tiempos de la restauración del Convento allá por los años cuarenta y algo.

En el espacio abierto, entre el convento y la calzada, en la entrada principal, un crucero tallado en granito elevado sobre una base cuadrada de generosas dimensiones y tres gradas de sillería, preside la entrada a la Iglesia, al locutorio y a la clausura (a los que se accede desde un pequeño patio que muerde la edificación) A unos cincuenta metros al N. de la casa del demandadero y en la misma acera, se encuentra otra sencilla vivienda de construcción parecida que sirve de morada al capellán del convento.

Durante mis años de monaguillo, allá por los años cincuenta, fue precisamente ocupada por **D. Pablo Ruano** hombre mayor, enjuto, sencillo y actualizado en su concepto de la vida por haber permanecido algún tiempo en los EEUU de América.

Para un niño como yo, de la posguerra española, con nula visión del mundo exterior y rodeado de escaseces, oír hablar a este sacerdote del floreciente mundo industrial de los EEUU, de sus fábricas, como General Motors, de sus coches, de radios, electrodomésticos, costumbres, libertades, comodidades…

Todo ello, creó en mí una imagen idílica de ese país, que me produjo un ansia desmedida de conocerlo. Hoy cuanto más pienso y recuerdo a este hombre, más aumenta mi admiración por él, que, por otra parte, era un magnífico conversador capaz de escuchar con paciencia a los niños –sin la rigidez costumbrista entonces– y de regalarnos algunos consejos maravillosos como hombre bueno que era. Recuerdo bien que casi todos los jóvenes de mi edad, –por su magnanimidad en la penitencia–, preferíamos confesarnos siempre con este sacerdote y no con D. **Dionisio Jiménez de Antonio** o D. **Ignacio Santero Errasti** que fueron coetáneos suyos, pero cuyo carácter era mucho más seco, distante y autoritario.

Vista aérea del convento

La extensión general del convento intramuros, abarca, huerta, granja, alameda Internado, e Iglesia. Podemos verlo con claridad en la imagen aérea que las técnicas fotográficas actuales nos permiten que sería impensable hace sólo algunos años. Su mayor extensión es la huerta que se aproxima a una Ha. y se dedica fundamentalmente a la provisión de alimentos para el consumo de las monjas, frutas, verduras, etc. etc.

Otras instalaciones fuera de la huerta, albergan o albergaron desde cobijo para animales domésticos, hasta telares. Hay que recordar que llegaron a tener por ejemplo gallinas y vacas, hoy solo quedan gatos para ahuyentar a los ratones.

El resto de su extensión, lo ocupan una frondosa alameda que preside el cedro y en el rincón del noroeste, las instalaciones propias de la casa convento con un internado que dispone de veintiuna celdas individuales, además de la cocina, refectorio... y los demás servicios necesarios todo ello, construido alrededor de un patio más o menos rectangular.

La Iglesia, pegada a la clausura, es una coqueta y sencilla capilla pensada para que puedan oír misa en ella, la congregación de monjas y algunas personas más. Frente al altar, en un altillo se aloja el coro, ¡Cuantas veces! escuché personalmente en mi infancia la angelical voz de algunas de sus monjas.

Capilla del convento de Mancera

A la izquierda del altar, un gran ventanal con opacidad y reja, permite la proximidad de las monjas en la participación de los actos religiosos sin acercarlas al mundo exterior.

Tiene dos portones de acceso para carruajes orientados uno hacia el Sur el otro a un camino llamado la calzada (este último de más reciente construcción) y hasta aquí, la somera descripción de nuestro convento.

Como curiosidad, diremos que el vehículo de transporte, de que disponía, era una tartana, tirada por un solo caballo o mulo que conducían Faico o Pablo, y que nosotros bautizamos como *la tartana de las monjas,* esta, había sido un regalo de la comunidad del cerro de los Ángeles de Madrid durante la restauración a la Sta. Madre Maravillas.

Esta es, en la actualidad, una descripción más o menos orientativa de la imagen exterior de nuestro convento.

Pero como es lógico, algunos de los que lo conocemos y yo mismo, cuantas veces desde niños, nos hemos preguntado: **¿Cómo es el convento en su interior? ¿Quien trajo el convento a Mancera?… ¿Cuándo lo trajeron?… ¿por qué en Mancera precisamente?…**

No todas, pero algunas de estas incógnitas, vamos a intentar irlas aclarando poco a poco, con los datos históricos que hemos podido reunir.

En el origen de esta historia, hay dos personas fundamentales que fueron el alma del convento de Mancera y de otros muchos, nada tendría sentido pues, sin estas dos grandes mujeres.

La primera, capaz de iniciar y llevar a cabo un proceso de reforma del Carmelo, que abarcaría también a los conventos de frailes,

uno de los cuales terminaría a la postre, siendo precisamente éste tan querido de nuestro pueblo de Mancera de Abajo. La otra, –cuatrocientos años después– seguidora de su obra a rajatabla, fue capaz de volver a levantar de nuevo sobre las antiguas ruinas, todos los edificios que han llegado hasta nosotros. Me estoy refiriendo naturalmente a **SANTA TERESA DE JESÚS** (una de las tres únicas mujeres que además de Santas, son Grandes Doctoras de la Iglesia) y a la **SANTA MADRE MARAVILLAS**.

Analizando ambas obras paralelamente, no es de extrañar que algunos historiadores como Miguel Écija Rioja digan de la Madre Maravillas que fue la Santa Teresa del s. XX.

En dos capítulos finales, hacemos un breve resumen biográfico de ambas vidas, para confirmar y resaltar la relación que las dos tuvieron con nuestro pueblo.

HISTORIA DE DURUELO

La historia del convento de Duruelo, es el primer paso obligado para llegar al convento de Mancera, no en balde a él le debe su existencia. Vamos pues a repasar el origen de este convento de Duruelo y las vicisitudes que llevan a Sta Teresa a establecer en este lugar su primer convento de frailes descalzos.

Desde la fundación de San José de Ávila, en el año 1562, hasta el año 1567, Santa Teresa permanece en este convento disfrutando lo que llamó *los años más descansados de mi vida.* Cuatro años después de la fundación, recibe la visita de un fraile franciscano: **Fray Alonso Maldonado,** que venía de las indias (Nueva España) hoy Santo Domingo, donde había estado como misionero desde 1551 hasta 1561, y le contó los millones de almas que allí se perdían por falta de doctrina.

Esta noticia, desgarró el corazón de la Santa y aquél mismo día sabemos que se retiró a una ermita llorando e implorando a Dios que le diera medios, para ganar algún alma de aquellas a su servicio.

En uno de los pasajes de aquel tiempo dice: «*Pues andando yo en esta pena tan grande, una noche estando en oración, representóseme nuestro Señor de la manera que el suele y mostrándome mucho amor a manera de quererme consolar me dijo: Espera un poco hija y verás grandes cosas...*» *quedaron tan fijadas en mi corazón estas palabras, que no las podía quitar de mi.* En la primera visita que el Padre General del Carmelo

Fray Juán Bautista Rubeo de Rávena hace a Castilla, después de visitar Portugal y Andalucía, entre los días 16 y 18 de febrero de 1567, queda prendado de la persona y de la obra Teresiana.

Exteriores del Convento de Duruelo

En vísperas de su viaje, Santa Teresa había sentido una gran preocupación, porque el Padre General la enviara de nuevo al Monasterio de la Encarnación, donde ya estuvo antes. Este monasterio, era de «regla mitigada» Entre otras cosas no se podía ejercer el rigor de la regla primera y además estaba muy masificado, había más de ciento cincuenta monjas.

La causa de este temor lógico era, que ella había fundado el Monasterio de San José de Ávila bajo la obediencia del Sr. **Obispo D. Álvaro de Mendoza**, por haberlo rehusado el padre Provincial **Ángel de Salazar** que, ante la presión general de la sociedad, no se atrevió a defender la reforma que Santa Teresa puso en marcha, después de haberla autorizado al principio. (Sabido es que la reforma del Carmelo se originó tanto por la «relajación» en el cumplimiento de la primera regla como el sobrenúmero de hermanas que transformaban a veces las visitas en actos sociales más mundanos que religiosos).

El General de la Orden por lo tanto, no solo se alegró de ver como la regla primera se guardaba con todo rigor en la fundación San José, sino que le dio autorización expresa para que fundara más Monasterios de este tipo; Antes de marchar, el Obispo también procuró que le dejara licencias para establecer en su obispado algunos Monasterios de frailes descalzos de la Reforma.

Este mismo año de 1567, Santa Teresa está ocupada con la fundación de Medina del Campo, pero no puede apartar de su pensamiento que no hay un solo monasterio de frailes.

Un día en la misma Medina, determinó tratarlo en secreto con el prior **Fray Antonio de Jesús** para ver que le aconsejaba y así lo hizo; este hombre, se alegró muchísimo con esta noticia y prometió que él, sería el primero; dadas sus condiciones personales, era letrado, estudioso, recogido y muy amigo de su celda, ella lo tomó a burla y se lo dijo, respondiéndole él, que había muchos días que el señor le llamaba para vida más estrecha y de hecho, tenía previsto meterse cartujo, Santa Teresa entonces, le rogó que esperara un poco y él, así lo hizo.

Poco después, acertó a venir a Medina un padre joven que estudiaba en Salamanca con otro compañero, su nombre: **Fray Juan de Santo Matía**, que era el nombre que entonces tenía el futuro San Juan de la Cruz. (este sería el primer encuentro entre estos dos grandes santos de la Iglesia).

San Juan le expuso que quería meterse cartujo y ella, les contó sus pretensiones de fundar un monasterio de frailes y les rogó que esperaran un poco hasta que Dios les diese monasterio. San Juan aceptó.

Una sola visita en el locutorio de las Descalzas, basta para convencer a la Madre de que aquél hombre es el instrumento elegido por Dios para realizar la obra que le anunciara al decirle: «*espera hija y verás grandes cosas*». Pero el frailecito de pequeña estatura y espíritu gigante, tiene ya determinado pasarse a la cartuja y sólo el extraordinario don de persuasión de la santa logra arrancarle la promesa de que esperará.

Más tarde, Santa Teresa se lleva a su medio fraile a la fundación de Valladolid y allí le enseña ella misma, el género de vida que ha de practicar en el Carmelo y de sus propias manos, recibe Fray Juan el hábito de la reforma.

Santa Teresa, no deja ya de dar vueltas en su cabeza la idea de seguir las fundaciones por ello, cada día que pasaba, creía la Santa más necesario que hubiera este tipo de monasterios de frailes de la reforma, –*había un número tan pequeño de frailes, que pensó que se iban a acabar*–, escribió una carta al Padre General suplicando licencia para ello. Esta carta, llega a su poder en Valencia y poco después, desde Barcelona, en fecha 10 de agosto de 1567, le contesta enviándola licencia para fundar dos monasterios.

Para que no hubiera contradicción, lo remitió al padre Provincial de entonces y al anterior, que lógicamente tendrán que autorizar las nuevas fundaciones.

Naturalmente la sociedad de Ávila conoce perfectamente a Santa Teresa y sus intenciones de seguir con las fundaciones; con frecuencia éstas, son el tema de conversación en tertulias religiosas y no religiosas y en torno a ellas, surgen frecuentes discusiones con encontradas opiniones, y aquí entra en juego de nuevo esa forma que Dios tiene de hacer las cosas valiéndose de nosotros –como dice la Santa– el caso es que cierto día, un caballero de Ávila llamado **Rafael Mejía Velázquez** (según consta en el libro primitivo de Duruelo) con quien Santa Teresa jamás había tratado, se enteró de que quería hacer un monasterio de descalzos, y le ofreció una casa en un lugar apenas poblado que la tenía para un rentero, que recogía allí su pan.

Blascomillán a S. Juan de la Cruz

Yo, dice Santa Teresa *«aunque vi cual debía ser, alabé a nuestro Señor y agradecíselo mucho».* **El Padre Gracián**, anotó al margen del autógrafo de S. T. (**Duruelo** se llama el lugar).

D. Rafael le advirtió que el lugar estaba camino de Medina del Campo por donde ella habría de pasar para ir a la fundación de Valladolid como el camino es derecho, no tendrán mucha dificultad para encontrarlo. La Santa, prometió visitarlo y así lo hizo.

La primera ocasión se le presentó en el mes de Junio, partió de Ávila acompañada de la monja, **Antonia del Espíritu Santo** –una de las cuatro primitivas de S. José de Ávila– y del padre **Julián de Ávila** que era el sacerdote que habitualmente la acompañaba en estos viajes y que actuaba de capellán en la fundación S. José de Ávila.

Dice Santa Teresa, *aunque partimos de mañana de Ávila, como no sabíamos el camino, errámosle y como el lugar es poco nombrado no se halla mucha relación con él. De esta forma, cuando pensaron que estaban llegando, aún les quedaba la mitad del camino, y todo esto, un día extremadamente caluroso, hizo que* la llegada a Duruelo, fuese al anochecer y más que cansados, rendidos. –Considerando que la distancia entre Ávila y Duruelo es de unos cuarenta Km. aproximadamente más los rodeos, y teniendo en cuenta las condiciones y los medios con que se viajaba entonces, se entiende perfectamente su agotamiento–.

Cuando llegaron a Duruelo y vieron las condiciones en que se encontraba la casa, prácticamente era una cuadra llena de suciedad, parásitos y gentes del agosto, no se atrevieron a pasar allí la noche y como les flaqueaban las fuerzas, para pasarla en vela, decidieron hacerlo en la iglesia.

Convento de Duruelo rodeado de encinas

A la mañana siguiente, ya con calma, comprobaron que la casa tenía un portal razonable y una cámara doblada con su desván y una cocinilla.

Yo consideré que: *en el portal, se podía hacer la Iglesia, el coro en el desván y para dormir, la cámara* dijo la Santa.

Tanto su compañera de viaje **Antonia del Espíritu Santo**, como el **padre Julián**, no encontraron que aquél lugar fuera el adecuado y la hermana Antonia así se lo manifestó: *Cierto madre que no haya espíritu, por bueno que sea que lo pueda sufrir. Vos, no tratéis de hacerlo.* El padre Julián no debió manifestarse por no desilusionarla, pero debido al gran cansancio que arrastraban no se atrevieron a pasarla en vela.

Continuaron viaje y a su llegada a Medina del Campo, habla con el padre Fray Antonio exponiéndole la cruda realidad de lo que han encontrado en Duruelo, preguntándole si tendría corazón para estar allí algún tiempo: «*Dios lo remediará presto*». A él, dice Santa Teresa «*Dios le había puesto más ánimo que a mí*», y así dijo que no solo allí sino en una pocilga estaría. De la misma opinión era también Fray Juan de la Cruz.

En vista de la decisión de ambos, Santa Teresa, decide poner en marcha el proyecto y comienza a recabar el beneplácito tanto del Provincial actual **Fray Alonso González** como del Provincial anterior **Fray Ángel de Salazar,** para cumplir las exigencias que el Padre General la impuso.

El primero, era hombre maduro y bueno, lo que llamamos una persona sin malicia y no le costó mucho a Santa Teresa convencerle; pero del Provincial anterior, –después de lo de la fundación San José de Ávila– temía todas las dificultades, no obstante, había que intentarlo puesto que las condiciones de la licencia dada por el Padre General, estaba supeditada a obtener estas dos autorizaciones.

La visita a Valladolid de dos personas que siempre ampararon y favorecieron la obra de la Santa, **D.ª Maria de Mendoza** y su hermano, D. **Alvaro de Mendoza**, Obispo de Ávila, y cierto favor reciente que D.ª Maria había hecho a **Fray Ángel de Salazar** allanaron el camino y a partir de aquí, fue mucho más fácil conseguir su autorización. Aunque como siempre Santa Teresa piensa que el Señor ha sabido vencer las dificultades de forma simple y sencilla como pondrá de manifiesto más tarde al escribir en Las Fundaciones: «*Que ahora que lo estoy escribiendo me voy espantando y deseando que Nuestro Señor dé a entender a todos como en estas fundaciones no es casi nada lo que hemos hecho las criaturas*». La humildad y el amor a Dios de la Santa, son una constante en su vida que avalan su santidad.

Como refrenda un dicho antiguo, a santo se llega antes por el camino de la humildad que por el del incienso y a Santa Teresa le desborda constantemente su humildad.

Con las autorizaciones ya concedidas, empieza «la aventura» pidiendo que partiera para Duruelo a **Fray Juan de la Cruz** y fuera acomodando aquella casa para poder entrar en ella; estamos en el mes de Septiembre del año 1568. La casa, tardaron muy poco en arreglarla puesto que, al no tener dinero, no fue mucho lo que pudieron hacer, apenas, limpiarla bien y dejarla mínimamente habitable.

Mientras tanto el **padre Fray Antonio** por su parte, ya estaba haciendo acopio de algunas cosas necesarias para su marcha, ayudado por todos –dentro de sus pocas posibilidades– y acude a Valladolid a visitar a la Santa, es de suponer, que trataron todos los temas que su marcha originaba en la congregación, entre otras su sucesión. Lo cierto es que **Fray Antonio**, renuncia a su Priorazgo y sale para Duruelo con las pocas pertenencias y enseres que logra encontrar; llama la atención por ejemplo que aunque no llevaba colchón, en cambio llevaba cinco relojes, cosa que a la Santa le hizo mucha gracia y al comentárselo, él le respondió: *«Es para tener todas las horas concertadas…»*. A pesar de los consejos en contra, **Fray Antonio** prometió cumplir estrictamente la primera regla del Carmelo, antes de salir de Medina del Campo –cosa que complacía a la Santa–.

El día 27 de noviembre de 1.568 cuando llegó a Duruelo y se encontró con **Fray Juan de la Cruz**, dijo que sintió un gozo interior grandísimo y le pareció que meterse en aquella soledad era acabar ya con el mundo. Estos dos frailes con la ayuda del **padre Lucas de Celis** y del **hermano José de Cristo**, fueron capaces de adecentar lo suficiente el local como para que **el primer o segundo domingo de adviento, del año 1568 se pudiera decir la primera misa en «aquel portalito de Belén»** como Santa Teresa lo llamó.

Más tarde durante la cuaresma, Santa Teresa visitó Duruelo camino de Toledo; llegó por la mañana, –cuenta ella– y se encontró al padre Fray Antonio de Jesús barriendo la puerta de la Iglesia con gran alegría y contento, diciéndole: Qué es esto, Padre, ¿dónde está su honra? Fray Antonio paró de barrer, levantó levemente la cabeza y respondió: Maldigo el tiempo en que la tuve.

Al entrar en la iglesia, Santa Teresa se quedó espantada de ver *el espíritu que el Señor había puesto allí* y resalta que dos mercaderes de Medina que la acompañan no hacían más que llorar. Tenían tantas cruces y tantas calaveras…

Como habían previsto, el coro era el desván, aunque para entrar y oír misa, tenían que estar agachados debido a la poca altura del tejado pues éste, les daba en la cabeza. Decían sus horas con el padre Lucas de Celis y con el hermano José de Cristo que como vimos antes, les acompañaban aunque éste, no había sido ordenado.

Los frailes por aquel tiempo, atendían las necesidades espirituales de la gente de los pueblos colindantes, y a veces, otros algo más distantes; para ello, iban a predicar a muchos lugares cercanos *que estaban sin doctrina,* dice la Santa (algunos de ellos, distaban dos leguas de Duruelo).

En el poco tiempo que llevaban, tenían entre aquellas gentes muchísimo crédito; Es importante recordar que el desplazamiento, lo hacían descalzos, por caminos intransitables anegados de fango, agua e hielo en tiempos de invierno, por todas estas circunstancias, algo más tarde, les permitieron ponerse alpargatas, para que la nieve y el frío no congelaran sus pies en el invierno.

Para su mantenimiento, tenían suficiente, porque los pueblos de la comarca, les regalaban más de lo que necesitaban, según confirma Sta. Teresa en las fundaciones, dice: *De esto de comer tenían muy bastante porque de los lugares comarcanos los proveían más de lo que habían menester y venían allí a confesar algunos caballeros que* *estaban en aquellos lugares adonde les ofrecían ya mejores casas y sitios, entre ellos, fue uno **D. Luis Sr. de las Cinco Villas**.* Naturalmente hemos de recordar que debido a la vida de privación y sacrificio que llevaban, eran tan pocas sus necesidades, que el mínimo regalo les parece un mundo.

TRASLADO A MANCERA

Hemos visto las dificultades que tuvieron que vencer hasta ver instalado el convento en Duruelo, y hemos visto también, que se dedicaban a cubrir las necesidades espirituales de la comarca con grandes sacrificios, sobre todo, en los desplazamientos; pero ocurría también que muchos lugareños, bien por curiosidad, bien por necesidad de confesión, como dijo Sta. Teresa, se desplazaban ellos mismos hasta Duruelo, y algunos, al ver las condiciones en que vivían estos frailes, les ofrecían tanto viandas como sitios propios con alojamientos algo más confortables para residir. Uno de estos caballeros resultó ser D. Luis Álvarez de Toledo, Señor de las cinco villas. Según las referencias de Santa Teresa, este tal D. Luis, había hecho construir una iglesia en la villa de Mancera de Abajo, –próxima a Duruelo– para una imagen de Nuestra Señora *¡Bien digna de poner en veneración!* que su padre, había enviado desde Flandes a su abuela o madre –no recuerda este punto Santa Teresa– por medio de un mercader. A él, le gusto tanto, que la tuvo muchos años, pidiéndola a la hora de su muerte. Esta iglesia, *tiene un retablo grande que yo no he visto en mi vida, y otras muchas personas dicen lo mismo.* (ver fotografía en la página. siguiente).

El padre Fray Antonio de Jesús, que tenía bastantes ofrecimientos de los pueblos colindantes para trasladar el convento, visitó Mancera a petición de D. Luis, vio la imagen y *se aficionó tanto a ella y con mucha razón,* que aceptó la oferta de D. Luis de traer el convento a Mancera. Siempre según Santa Teresa, D. Luis, –a sus expensas–, *les hizo un monasterio conforme a su profesión, pequeño y le dio ornamentos. Hízolo muy bien.*

Todo pues a punto, **el día 11 de junio de 1570, se traslada con gran solemnidad y fiesta la comunidad entera desde Duruelo a Mancera de Abajo.** No sabemos si por la influencia política de D. Luis o por el interés religioso de la gente, pero lo que sabemos es que en este acontecimiento, participaron gente de todos los pueblos limítrofes y que los frailes –acostumbrados siempre a grandes sacrificios– hicieron todo el trayecto descalzos.

En la actualidad aunque sabemos la zona donde se encontraba este monasterio, desconocemos el sitio exacto.

Retablo de la iglesia de Mancera

Por cierto, que cuenta Santa Teresa como Dios dio agua a Mancera que se tuvo por cosa de milagro. *Estando un día después de cenar el padre Fray Antonio –prior del convento– en la clausura con sus frailes hablando de la necesidad de agua que tenían, levantóse el prior y tomó un bordón que traía en las manos e hizo la señal de la cruz, señaló con el palo y dijo: ahora ¡cavad aquí! A muy poco que cavaron salió tanta agua que aún para limpiarle es dificultoso de agotar, y agua de beber muy bueno que toda la obra han gastado de allí y nunca como digo se agota después que regarán una huerta, han procurado tener agua en ella y hecho una noria y gastando harto.*

Es este manantial el que alimenta a los actuales caños?

Parece ser que el convento en Mancera, siguió su vida hasta el año 1.600 aproximadamente en que marcharon a Ávila alegando padecer un clima insano. La clave debió ser una epidemia de paludismo que causó la muerte a algunos frailes de la congregación.

Según estos datos, permanece abandonado 5 ó 6 años hasta que llegaron los Franciscanos –Reformados por San Francisco de Paula– entre los años, 1605 y 1610.

En el año 1654 **Francisco Muñoz**, predicador y corrector de la orden de los franciscanos de San Francisco de Paula, hace una relación de bienes del convento de Mínimos existente en Mancera; por ella sabemos que entonces se llamaba **Nuestra Señora de la Asunción de Mínimos** y que fue ocupado por ellos tras haberlo abandonado los Carmelitas descalzos. Por aquel tiempo, contaba con siete sacerdotes, dos coristas, un donado profeso, y tres criados; (dos de ellos sirven en clausura) y había uno que se llamaba Gregorio Jiménez, tenía diez años de edad y era natural de Mancera.

Pertenecían además a dicho convento, dos mulas, un caballo, dos casas, un solar y una corraliza que linda con la calle de la fuente de arriba; poseyendo además ciento catorce obradas de tierra repartidas por el término.

En el año 1.835, durante la desamortización, por Real Orden de Isabel II, desaparecen muchos conventos en España y entre ellos este de Mancera.

LA RESTAURACIÓN

LA MADRE MARAVILLAS. En principio, no sabemos muy bien, los avatares del convento o de sus restos, desde la R. O. de Isabel II en el año 1835, como acabamos de ver, hasta mediados del s. XX, pero tampoco están muy claras las vicisitudes sufridas desde el abandono carmelita hasta dicha orden.

Lo que sí sabemos seguro, es que a mediados del s. XX una madre del Carmelo continuadora de la obra de Sta. Teresa llamada **Maravillas Pidal Chico,** en el Carmelo: **Madre Maravillas**, y teniendo a ésta siempre como referencia, sintió la necesidad de seguir con sus fundaciones entre las cuales afortunadamente se encuentra la «restauración» del convento de Mancera. El por qué llegó a esta conclusión, y algunos de los avatares que esta Santa pasó, hasta la inauguración de nuestro convento los veremos más adelante, y dada su importancia dentro del mundo del Carmelo, al igual que hicimos con Santa Teresa, reflejaremos un poco la biografía e historia de esta gran mujer que después el 10 de mayo del año 1998 fue beatificada por el Papa Juan Pablo II y más tarde, santificada solemnemente el día cuatro de mayo del año 2.003 en la plaza de Colón de Madrid por el mismo Papa Juan Pablo II.

Gestación de la «Fundación de Mancera de Abajo». *Estamos en mayo de 1942 la Madre Maravillas, acaba de realizar el traslado definitivo al nuevo convento de El Cerro de los Ángeles y por fin, respira tranquila.*

Desde años atrás, 1939, 1940... el Carmelo está viendo llegar a sus puertas muchas jóvenes que quieren consagrarse a Dios y la Madre Maravillas piensa que habrá que hacer algo, la realidad se impone y no hay más remedio que empezar a pensar en serio en alguna fundación.

*Mientras tanto, el Sr. Obispo les ha permitido recibir sobrenúmero para aliviar la saturación de vocaciones.*Leyendo un día, «La historia del Carmelo Descalzo» del padre Silverio, ve *el cuadro de desolación que era entonces lo que había sido la cuna de la reforma Teresiana,* el lugar santificado por San Juan de la Cruz y tantos Santos Carmelitas que allí habían vivido. En las cartas de la Madre en estos años se lee muchas veces este nombre: **¡Duruelo!**

Siempre suena Duruelo en la historia del convento de Mancera, es una constante inevitable; primero, Duruelo más tarde Mancera, Y no se queda en sueños este deseo. Viaja en el automóvil de la **Sta María Victoria Gandárias**, la acompañan **la Marquesa de Buniel** y la **hermana Dolores** y se queda prendada de Duruelo.

Lo que queda del antiguo solar de la reforma, es un pedestal de piedra con una cruz de madera, que recordaba al escaso y solitario viajero, el lugar santificado por San Juan de la Cruz.

A la Madre le había gustado muchísimo Duruelo. «*Es una soledad encantadora, tan apartada del mundo, tan mal comunicada que se comprenden los trabajos que pasó Santa Teresa hasta dar con esta solitaria alquería*».

Hay que seleccionar el personal para la nueva fundación...

Pero las condiciones que ponen los propietarios de Duruelo, son inaceptables para ella de momento, parece ser que Dios quiere otra cosa, y todo queda en sus manos.

Durante unos ejercicios espirituales en El Cerro, la Madre Maravillas reflexiona: Desde el Cerro, se ve la Iglesia de Perales del Río medio destruida, ¿No estaría bien allí otro Carmelo a La sombra del Corazón de Jesús? Pero el sueño de toda su vida religiosa, vivir escondida en el último rincón del mundo, se vuelve a presentar ahora como una posible realidad ¿No querrá el Señor en **Mancera**?

Toma cuerpo entonces la idea de que sea **Mancera de Abajo,** el sitio ideal para la nueva fundación. Por ser lugar de importancia trascendente para la reforma y que se perdió para el Carmelo, allá por el s. xxvii. Acabados los ejercicios, consulta con sus superiores, que confirman sus deseos, y ya, segura de que **Dios la quiere en Mancera**, pondrá todos los medios para llevarlo a cabo.

* * *

Como primera medida, la Madre Maravillas manda a **Mancera de Abajo** para orientarse, a un buen amigo de la comunidad llamado **D. Timoteo Alonso.** Este, visitará el lugar donde estuvo enclavado el primitivo convento y la Madre todo lo fía a su prudencia y buen juicio, encargándole *«que no diga a nadie que es para unas monjas».*

Con gran cariño y entusiasmo, realiza la difícil encomienda, marcha a **Mancera** donde increíblemente sigue viva la memoria de su tradición Carmelitana, visita la finca y traba amistad con sus propietarios que resultan ser: **D. José González Igea** y su esposa **D.ª Teresa Martinez San Juan** que le reciben con gran cordialidad; pero tienen allí una casita donde viven y les cuesta mucho dejarla.

Todos los argumentos de **D. Timoteo** son inútiles, hasta que en el curso de la conversación, se le escapan unas palabras que descubren el verdadero destino que quieren dar a la finca: Reconstruir el Convento Carmelita.

Oír esto, y cambiar de opinión, fue todo uno. Católicos a carta cabal, consideran un honor dejar su casa, la para residencia de monjas Carmelitas y desde ese momento, todo son facilidades.

Santa Teresa habría repetido aquí lo que escribió de los fundadores de Alba de Tormes: *Y lo que tuve en mucho, que dejaron su propia casa…*

Conocí a D. José y su esposa y entiendo perfectamente que el argumento del destino, fuera la única razón para convencerles. D. José hombre enjuto de rostro serio, elegante en el vestir, siempre con traje negro chaleco, sombrero, y botas negras de tafilete.

Fue Juez de Paz muchos años en Mancera, era un hombre de vasta cultura y formación exquisita; yo mismo le oí contar a mi padre alguna vez, al calor del brasero, las peripecias que pasaban en cada traslado a Salamanca, donde estudiaba Derecho ya que su padre, debía enviar mulas de refresco hasta el pueblo de Encinas, días antes del viaje. Por otro lado, su familia dispone de hacienda suficiente, para no necesitar vender su propia casa; por tanto, es claro, que la única motivación para la venta fue: el destino que se iba a dar a la finca.

Este matrimonio que tuvo tres hijos: Josefa, Carmen y Luis, tuvo la satisfacción de ver que Carmen profesara en el Carmelo, en la fundación que más tarde haría la Madre en Duruelo.

La Madre siempre agradecida a este gesto de generosidad de D. José y su esposa, reconocería más tarde, que no fue esto lo único que aquellos buenos hijos de Mancera hicieron por Santa Teresa ni ella por ellos, porque empezaron a florecer las vocaciones entre estas buenas gentes de corazón noble y sano y de alma tan bella y pura como el cielo castellano.

Al final, para constatar el efecto llamada en vocaciones religiosas, que el convento hizo en Mancera, relacionamos tanto las de hombres como las de mujeres surgidas desde la inauguración del convento hasta el año dos mil. Para un municipio con el número de habitantes que tiene Mancera, estamos hablando de cifras verdaderamente importantes aunque naturalmente todas no se consolidaron.

Vista panorámica del convento

Así, paso a paso, muy lentamente iba naciendo la fundación de Mancera de Abajo permaneciendo aún la Madre en el Cerro de los Ángeles. El 29 de septiembre de 1943, –día de San Miguel– la Madre Maravillas hace su primera visita a **Mancera**, va con dos hermanas que desde ahora serán sus fieles colaboradoras. A una de ellas ya la conocemos Hermana **Dolores de Jesús** y la otra hermana, **Isabel de Jesús** será la que trace y dirija cuantas obras emprenda la Madre en sus fundaciones, esta, la puso Dios con especial providencia a su lado para ser su enfermera; la acompañará durante 40 años hasta su muerte. Igualmente les acompaña el Padre Valentín, Provincial de las Carmelitas y D. José de Oriol, padre de una de las monjas del Cerro, ambos muy interesados en la nueva fundación.

Al llegar a Peñaranda de Bracamonte, preguntan por **Mancera de Abajo** y los encaminan por una carretera advirtiéndoles que, en esta época del año, todavía no está mal, pero en invierno, cuando arrecian las lluvias, se enfanga haciéndose difícil transitar por ella.

Al cabo de unos pocos Km. –Siete exactamente– empiezan a divisar el pueblo: **¡Mancera de Abajo!** La madre no había podido imaginar nada más a propósito ni más conforme a sus deseos de pobreza –como deja ver a cada paso en sus cartas– allí podrá vivir escondida y olvidada.

Un pueblecito típicamente castellano, medio escondido entre las tierras que lo rodean, pardas, austeras y secas gran parte del año, y especialmente en este mes;

aunque pasado el invierno se transformarán en una inmensa alfombra verde, por el anual milagro de la primavera; a continuación, el verano con el crecimiento de la espiga, transformará en oro los sudores anuales de estos sacrificados agricultores que saben ganarse el cielo con un gran esfuerzo. ¡A Dios también se le sirve con el arado!

Sus casas bajas, muchas de ellas de adobes se confunden con la tierra que las circunda y apenas se distinguen desde lejos.

En cambio, destaca el hermoso templo parroquial donde D. Luis de Toledo, III Señor de las cinco Villas y Señor de Mancera ha hecho grabar sus escudos y donde se venera la imagen de Nuestra Señora del Rosario sobre un altar del que como vimos antes, quedó prendada Santa Teresa.

Por el Sur cierran el horizonte las cumbres de la sierra de Ávila con La Serrota como principal protagonista, coronada de nieve durante buena parte del año.

Vista del pueblo de Mancera y su Iglesia

La finca donde se levantó antiguamente el convento de los frailes carmelitas, está a unos cuatrocientos metros de la plaza del pueblo. Hacia ella se encaminaron todos rodeados de una chiquillería que les recibió con entusiasmo. Llegados a las ruinas, en seguida valoran que la casita donde ahora viven los dueños, D. José y D.ª Teresa, se puede aprovechar, para la construcción del convento. La mayor impresión se la ha proporcionado la huerta que con sus árboles multiseculares tiene un sabor monacal que invita al retiro y a la contemplación. En general todo ello, produce en la Madre una gratísima impresión.

Pasan el día entero, buscando el mejor sitio para el emplazamiento del convento y por la tarde reemprenden el regreso al Cerro.

Estos viajes, se van a repetir a menudo, pero cuando la Madre viaje solamente con sus monjas, lo harán en tren y por supuesto en tercera. Saldrán del Cerro a las siete de la mañana, después de oír misa y comulgar, y cogerán un tren que sale de la estación del norte (Príncipe Pío) a las ocho de la mañana.

Casi siempre irán de pie, en la plataforma, hasta que los obreros que se van bajando en los pueblos cercanos a Madrid dejen sitio libre. Aquellos trenes de vapor, por supuesto con vagones de madera, tenían sendas plataformas en los extremos de cada coche al aire, protegiendo a los viajeros para que no caigan, con una simple balaustrada de hierro.

En Peñaranda, les espera un coche de mulas que las lleva hasta Mancera; Allí pasaran el día vigilando y comprobando el estado de las obras. Son viajes muy cansados, en los que algunas veces pasan mucho frio porque los inviernos en Ávila y Salamanca son terriblemente fríos; Demetrio Martínez, Lucio Hernández, Adrián Castro y un servidor podemos dar fe, porque años más tarde, nos desplazábamos temprano hasta el Instituto de Peñaranda en bicicleta y el rocío cristalino del hielo y el aire fino que lo acaricia, se metía… hasta en los huesos.

Al terminar el año 1943 el principal problema es encontrar una persona que se ocupe en dirigir las obras de Mancera. Estando un día en un bar de Peñaranda, el **Sr Alonso** –¿Se acuerdan de él? fue el que compró la finca– traba conversación con un joven contratista llamado: **Manuel Martín Mulas** –en la zona se le conoce más con el nombre de «**Pucheritos**»– que se interesa por la obra de la madre y muestra deseos de conocerla.

El encuentro tiene lugar en la casita de la finca donde vivía D. José, es decir, donde se edificará el nuevo convento. Pucheritos queda encantado de la Santidad de la Madre y ella sabe apreciar y valorar las cualidades de aquel hombre inteligente y generoso.

Una visita al cerro de los Ángeles, acabará por sellar esta amistad.

Difícilmente se puede separar a partir de ahora a Pucheritos de la Madre Maravillas mientras ella levanta el edificio de su obra espiritual, Manolo levanta los conventos de sus fundaciones sin regatear sacrificio ni esfuerzo siendo persona de confianza en las dificultades y los conflictos.

Nunca pensaron las monjas que la Madre Maravillas se podría ir del Cerro. El Cerro y la Madre, parecían inseparables. pero la decisión está tomada y la Madre que no sabe como decírselo, se lo encarga al Padre Torres, que ha ido a visitarla. Él, se lo dirá a la comunidad. Sus palabras: «**Nos llevamos a la Madre a Mancera**» causaron una impresión imposible de expresar.

Poco a poco, la noticia va cundiendo y se comenta entre un círculo de Señoras piadosas que se precian de la amistad de la Madre Maravillas. La Madre se va del Cerro, ¡Que disparate! habría que hablar con el Sr. Obispo para que no la deje.

Las monjas, saben que la Madre se irá en mayo, que es lo único que ella les ha dicho. Pero ahora al ver que en Madrid se empieza a agitar la gente, ha cambiado de parecer. Se irá antes no sea que vayan a hacer algo que pueda impedírselo. Por eso, adelanta la fecha de salida al 27 de abril.

Ese día a las dos y media de la tarde, la campana de oficios reúne a toda la comunidad en la portería, la misma campanita que hace apenas mes y medio las reunió para decirles: *Nos llevamos la Madre a Mancera.* Ha llegado el momento. La Madre no ha bajado todavía y las monjas se despiden de dos de sus hermanas especialmente queridas que la acompañan en esta primera expedición.

De pronto ven bajar a la madre, trae en brazos un niño Jesús. Desde el rellano de la escalera, da con él la última bendición a sus hijas: *«Adiós hijas, ¡Hasta el cielo!»* Lo ha envuelto en un pañuelo de cuadritos blanco y negro, como si él, también fuera de viaje, pero no, él no va. La Madre se lo entrega a la Madre Magdalena, futura Priora, y con él la llave del Convento. Las abraza primero; después, con gran serenidad, sin una lágrima sale de este Cerro donde tanto ha gozado y sufrido.

Nos encontramos en abril de 1.944. Adaptada ya la casa de Mancera para convento provisional, la Madre ha decidido pues salir del Cerro para esta fundación pero antes, debe pasar por Las Batuecas enviada por el Padre Provincial para solucionar algunas dificultades en las obras del nuevo convento.

Harán el viaje en dos grupos, en el primero, sale con las dos hermanas de costumbre para que le ayuden en los problemas de las Batuecas; En el segundo: –que saldrá al día siguiente– irán el resto de las hermanas con el Padre Provincial y dos señoras de Madrid que son la Duquesa de Valencia y una amiga. El primer grupo sale en tren para Salamanca y las reciben las Religiosas del servicio doméstico con gran caridad y cariño; las instalan cómodamente en dos habitaciones contiguas y tras la cena, la conversación de sobremesa se alargó hasta bastante tarde.

Al día siguiente, a las seis de la mañana van a oír misa a la iglesia del Carmen. Han venido a buscarlas D. Timoteo Alonso –que las acompaña desde Madrid– y el padre Evaristo de la Virgen del Carmen, Carmelita descalzo. Después de misa, salen para las Batuecas.

Por la escasez de gasolina que había en aquellos tiempos, van en un coche de gasógeno en tales condiciones, que tienen que pararse a menudo; sin embargo, la Madre, no duda en emprender la subida al Portillo y desde allí la peligrosa bajada hasta aquel rinconcito de tantos recuerdos para ella.

Batuecas ha cambiado muy poco. La pobre capilla sigue igual con su puerta dorada en la que un pelícano se abre el pecho para alimentar a sus hijuelos. ¡Con que gusto se hubiese pasado la noche en esa capilla! pero no lo intenta siquiera.

Por primera y única vez el toque de silencio no se oye en el valle y la madre pasa la noche entera atendiendo a sus hijas, porque todas, quieren hablar separadamente con ella y no hay tiempo. La tarde la ha empleado en recorrer las obras y tratar con las madres de los problemas relacionados con ellas.

Al día siguiente, después de comer, salen para **Mancera.**

La subida del puerto es mucho peor que la bajada, y aunque pasada ya la Alberca, se creen que van a mejorar, sucede todo lo contrario. El coche resentido por la subida, avanza con dificultad y se para a cada momento. A las seis de la tarde, hora en que tenían que estar en Peñaranda donde las espera el padre Provincial con el segundo grupo, están todavía en la carretera.

La madre muy apurada por hacer esperar al Padre, pero según testimonio de sus acompañantes, ni se altera, ni pierde la paz. Cuando llegan a las carmelitas de Peñaranda, lugar de la cita, se encuentran con que el segundo grupo, todavía no ha llegado.

Saludando a las madres en el locutorio, les llega la noticia de que una avería del coche les a obligado a detenerse en Ávila mientras se lo arreglan. La Madre Maravillas decide no esperarlas y salen para Mancera.

Vista aérea de Mancera

El recibimiento no puede ser más simpático ni más entusiasta. El pueblo entero se ha congregado en la plaza.

Es tarde cuando llegan al convento, es mucho el trabajo que les espera y que tienen que hacer sin la ayuda de las cuatro hermanas que viajan en el otro grupo. Otra noche al estilo Teresiano. Hay que limpiar y preparar los cuartos del Padre y de las Señoras que vienen de Madrid, deshacer los equipajes para sacar las cosas de la iglesia, armar la capilla provisional y tenerlo todo preparado para poder celebrar al día siguiente la Santa Misa.

A las cinco de la mañana, del día treinta de abril, ya está todo acabado y las tres fundadoras, se retiran a descansar a una celda vacía donde no hay más muebles que el santo suelo. Están rendidas y muertas de sueño.

No había pasado media hora, cuando unos fuertes golpes en la ventana les obligan a levantar. Es el segundo grupo que por fin llega. ¡Gracias a Dios! exclamó la Madre que no veía el momento de verlas allí.

Por la tarde, en la recreación se ríen a costa de su accidentado viaje. Han tardado diecisiete horas desde el Cerro a Mancera. Aquél mismo día 29 a las doce de la mañana habían salido del Cerro. El coche es un gasógeno que las lleva a paso de tortuga y se para cada dos por tres. No puede con el peso de las ocho personas más el de los equipajes, por lo que de cuando en cuando, éstas compadecidas, se bajan para aliviarle la carga, y marchan a pie por carretera como en otros tiempos caminaban los recueros y mozos de mulas junto a los entoldados carros de la monja andariega. Ya lo decía: No pongo en estas fundaciones los grandes trabajos de los caminos…

Aquí a título informativo, hay que indicar que el gasógeno –que en estos tiempos se utilizaba en España ante la dificultad de obtener petróleo– es un sistema, que incorporando una caldera a los vehículos, permite obtener combustible gaseoso a partir de combustibles sólidos como el carbón, la leña… y hasta cáscaras de almendra o huesos de aceituna; al quemarse estos combustibles de forma parcial, se genera –entre otros gases– monóxido de carbono que tiene algo de poder calorífico, pero que se podía aprovechar en los motores de combustión interna, naturalmente la potencia es muy inferior y el calentamiento de los motores estaba al orden del día.

A las ocho de la noche llegan a Ávila y el Padre Provincial decide que esperen el arreglo del coche en casa de la Señora que las lleva, que se siente feliz al estar con ellas.

A las dos de la mañana salen triunfantes rumbo a Mancera, al llegar, el pueblo está dormido y no saben por dónde tirar.

Al fin el Padre y la hermana Margarita del Niño Jesús, se bajan y llaman a la puerta de una casa. Se oyen ruidos, alguien se asoma a una ventana: ¡Arsenio, baja! ¡Son las monjas que llegan! Un apuesto mozo sale a la puerta frotándose los ojos y hace de guía de la expedición. La Señora Manuela, contará después a todo el mundo que fue su Arsenio el que acompañó a las monjas de la Madre Maravillas que estaban perdidas.

A las pocas horas, se celebra en la intimidad la ceremonia de la primera misa. Una misa que emocionará sobremanera al Padre creemos que al recordar que en aquél mismo lugar, fue donde celebró el santo sacrificio, el mismísimo San Juan de la Cruz. Las lágrimas había veces que no le dejaban seguir…

Por aquellos días, la Madre escribe al Cerro: Aunque esta naturaleza no es ni mucho menos la de Batuecas, tampoco deja de tener su encanto esta paz y soledad de Castilla, este cedro que se levanta majestuoso en medio de la huerta, diciendo tantas cosas al alma, y el tintineo lejano de los rebaños paciendo por estos campos, es lo único que se *oye. El cielo de Mancera, tiene también un encanto especial, sobre todo las puestas de sol son ideales… El conventico, es monísimo, eso sí, para mi gusto grandecito en demasía. Pobrecito, si que hace porque es una edificación del todo pueblerina y bajo techo, pero las veintiuna celdas le dan un tamaño respetable…*

En seguida hay que pensar en los telares que no pueden faltar en casi todos los conventos de la Madre, los gallineros… El trabajo para la comunidad que tan necesario considera para todo.

En las paredes blancas de cal, van apareciendo letreros. Aquí una hermana, subida en un cajón está pintando en negro encima de una imagen de Santa Teresa estas palabras suyas que encantan a la Madre Maravillas: *Poned la vida en entender como le agradareis más.* Más allá, al final de un tránsito, otra hermana acaba de escribir sobre una puerta: *Perseverad en el amor mío.* Junto a la del Refectorio, fuera ya, se seca otro más: *La quiere el Señor, porque la quiere bien, bien sola, con gana de hacerle El, toda compañía,* esta de San Juan de la Cruz. Letreros escogidos todos por la madre.

También se ven por distintos sitios, cruces toscas de palo y algunas pobres estampas sin marco ni adornos. Ya va teniendo el convento, ese aire especial que ella le ha dado a todos.

Así era el de Mancera, tal como la madre lo fundó en aquella primavera de 1.944, donde goza de las caricias de la santa pobreza.

Ocho grandes cajones que había preparado la Priora del Cerro con inmenso cariño y generosidad, con las cosas precisas para la nueva fundación, se extravían por el camino y no hay forma de recuperarlos.

La madre Maravillas no dice nada al cerro pero a la Madre Magdalena, le extraña que alguna vez pida una espumadera o un cacharro que necesitan y le contesta que está en el cajón n.º 1 o en el n.º 3. ¡Es de suponer, como se quedaría al enterarse!

Si muchas cosas les faltan, lo que no les falta nunca es la amorosa providencia de Dios que les sale al paso a cada momento. No tienen patatas, pero las suplen con otras verduras de la huerta, el pan escasea, pero nunca les falta del todo. Un día no había más que para que lo pusieran todo que Dios proveería. Así fue en efecto porque les mandaron tres panes en el momento de sentarse a la mesa.

Más adelante, harán el pan en casa porque les resultará más económico. Cuando empiezan a ganar algo con la venta de sus labores, compran un horno que les cuesta: ¡Ciento dieciséis pesetas!

A la madre le dan devoción las limosnas de los pobres que aparecen en el torno sin saber quien las ha dejado: Una botella de aceite, unas manzanas, veinticinco céntimos…

Un día no tienen nada para cenar: ¡El Señor proveerá! Llaman al torno son unos niños del pueblo que han estado pescando ranas y traen las «ancas» para las monjas.

Otra vez un labrador, quiere comprar alfalfa y le han dicho que las monjas venden un poco que cultivan en su huerta. Al preguntarles cuánto quieren por ella le responden que les dé lo que quiera y el hombre se emociona y como sabe que ellas están más necesitadas que él, lo tendrá en cuenta en el pago.

Los días pasados han sido de gran trabajo para las monjas y ahora el convento, ha quedado abierto al público tres días para que lo visite el que quiera. No solo Mancera en masa acude a ver a sus monjas, sino que de los pueblos cercanos se desplazan para ver cómo es un convento de Carmelitas por dentro. Vienen gentes de Bóveda, Salmoral, Peñaranda, Macotera, Alaraz, Flores, y hasta de Crespos.

Repartidos en grupos de treinta o cuarenta, capitaneados por una monja que se lo va explicando todo, recorren el convento del que no salen más que a la fuerza para dejar paso al grupo siguiente. La gente no cree lo que ve. Si les habían dicho que estas monjas eran *«muy pudientes y tenían de tó»* ¡Que se lo cuenten a ellos, que lo han visto con sus propios ojos! El convento les edifica y les admira. Las celdas, les dejan atónitos: *¡Si allí no hay de ná!* Aquellas buenas gentes se santiguan al entrar en las celdas, los mas ilustrados –dice la Madre en una carta– dicen que aquello les edifica más por lo que falta, que por lo que hay.

El día de Cristo Rey, 29 de octubre de 1944, entra la primera novicia que fue: Sor Magdalena de Jesús se ha encontrado antes con la Madre Maravillas en uno de los viajes que ésta hacía del Cerro a Mancera y le pidió la admisión en el mismo tren. Ahora el día de su entrada la acompañan sus padres –que ya tenían otra hermana con la Madre Maravillas– y fue precisamente el padre quien la entregó llevándola del brazo hasta la puerta reglar y dándola su bendición. Más tarde esta misma monja sería superiora en la Encarnación de Ávila.

A los ocho meses de fundado el convento, ya estaban todas las plazas dadas. Pero queda todavía mucho que hacer y la Madre está decidida a inaugurarlo el 1 de diciembre; A las monjas les parece imposible, pero tienen la experiencia de que cuando laMadre decide algo que ha visto que es voluntad de Dios, aquello se hace. Y ella quiere que después de empezado el adviento nada turbe ya el recogimiento de las monjas.

Una carta escrita por una de las hermanas de la comunidad nos da idea de lo que fueron los preparativos para la inauguración:

Dos días antes, los velos de la reja en la tienda, es decir, ni en la tienda porque no se encontraban, pero ¿se enteraron? las viudas del pueblo y nos dejaron los suyos y con ellos, nos hemos arreglado. Los manteles del altar sin hacer, la cortinilla del sagrario sin arreglar, la capillita sin entarimar, sin blanquear, las rejas sin pintar las luces sin poner y nuestra madre, trazando cosas con Martín Mulas. La mirábamos con asombro, pensando que aunque nos multiplicásemos era imposible terminar, y, ¡Ya lo creo que se acabó! hasta el detalle. No cabe duda de que el Señor pone su mano en todo, cuando hay un alma como nuestra Madre, que se da de esta manera. Y lo admirable es que, en su concepto, ella no sabe nada.

Amanece el día 1 de diciembre de 1944, en el que se celebraba la octava de San Juan de la Cruz, padre de la reforma Carmelitana y titular, con la Virgen del Carmen del nuevo palomarcito teresiano.

El Obispo de Salamanca D. Francisco Barbado Viejo, –años más tarde gran canciller de la pontificia de Salamanca– es desde hace tiempo admirador de la Madre Maravillas, es, aquél Obispo de Coria que les envió paja a Batuecas, para que las monjas tuvieran donde dormir, y que luchó para que las monjas de la Madre no salieran de su diócesis.

Ahora al saludarla de nuevo en Mancera, se interesa por su situación económica rogándoles que no pasen necesidades sin decírselo, que recurran «al Pastorcico» que así gusta que le llamen.

Ha sido para él un verdadero placer, venir a presidir esta ceremonia, sustituyendo a su hermano en el episcopado D. Santos Moro Briz –Obispo de Ávila– que no ha podido asistir.

Han llegado los Priores de Ávila, Salamanca y Alba de Tormes, el Padre Evaristo de la Virgen del Carmen, consultor de la Madre en muchas ocasiones, el Padre Anselmo de Santa Teresa –hermano del Padre Silverio– y otros muchos Carmelitas.

Con ellos los estudiantes de teología que dirigidos por el maestro: Padre José Enrique de Santa Teresita, cantan una misa que eleva el alma a Dios.

Después de la comida, se reúnen en la huerta para dar a las monjas un concierto. Es la misma huerta donde San Juan de la Cruz sacaba a pasear a sus novicios.

Las monjas, olvidan el cansancio de los preparativos y de las noches pasadas en claro y ¡Qué consuelo! exclamará la Madre Maravillas. *Yo creo que ha sido el Santo Padre el que ha querido traer a tantos hijos suyos.*

Para la función de la tarde, la iglesia nuevamente se vuelve a llenar hasta los topes, no sólo el pueblo entero está allí, sino mucha gente de Madrid de Ávila y de Peñaranda. ¡Nunca se ha visto nada parecido en Mancera de Abajo!

Todo contribuye a realzar la solemnidad del acto religioso.

El Prelado revestido de los ornamentos pontificales, –los hábitos pardos y las capas blancas de los Carmelitas Descalzos–, las voces graves de los estudiantes que desde el coro cantan magistralmente los himnos al Santísimo, y a la Reina del Carmelo, el fervor y la devoción de los fieles que llenan el templo.

Nadie ve a la Madre, que escondida en la penumbra del coro bajo, no parece enterarse de que ella es la fundadora: La que ha devuelto a Mancera la Orden del Carmen.

Después de haber salido toda la gente, vuelven a entrar los padres para la bendición del convento. Las capas blancas de las monjas y de los frailes, llenan los estrechos tránsitos del conventorecorren la casa cantando y rezando por coros el «Miserere» y otros salmos con voces graves mientras el padre Evaristo, va bendiciendo la casa y rociándola con agua bendita. Para muchas monjas, este ha sido el momento más emocionante del día, la Madre dirá qué para ella, lo fue el traslado del Santísimo Sacramento.

En efecto la procesión atravesando la huerta, y la bendición con el Santísimo –antes de sacar al Señor de la clausura para su nueva morada– fue algo más del cielo que de la tierra escribe a Batuecas.

El día 1 de diciembre del año 1944 ha quedado inaugurado, el convento de Mancera de Abajo con una misa preciosa y una procesión de gran esplendor.

AL CONVENTO DE MANCERA

Todo comenzó en Duruelo
pero el local es pequeño,
con las cosas por el suelo,
quieren realizar su sueño…

un espacio más lucido.
Y aumentando el sacrificio,
todos rezan convencidos:
¡Tendremos otro edificio!

Por una decisión del cielo
D. Luis otorga la cita,
donde se ofrece consuelo
a los frailes Carmelitas.

Tras su corta reflexión
nueva vida les espera,
sueñan con la solución
de trasladarse a Mancera.

Arranca la comitiva
en un silencio expectante,
Fontiveros cierra filas
Fray Jesús marcha delante.

Llevan los enseres todos
en mil bultos repartidos,
cargados de cualquier modo
en carros y carretillos.

El Santísimo presente
en manos del oficiante,
todos elevan sus preces
hacia Dios, que va delante
Por caminos pedregosos
sufrirán mil tropezones,
y se sienten generosos…
pueden más, sus ilusiones.

Al alcanzar Bercimuelle
ha mejorado el camino,
algunos les falta fuelle
a otros, ayuda el vino.

Queda bastante distancia
cuando se empina el sendero
andan ya con menos gracia
pero les sobra salero.

En un trayecto tan largo
se rezan varios rosarios,
y hasta se lucen de encargo
cientos de escapularios.

Con el andar peregrino
muchos frailes van sangrando,
y las piedras del camino,
en los pies se van clavando.

No es nuevo el sacrificio
de aguantar este tormento,
que son gajes del oficio
de un cristiano de este tiempo.

La nube de arena y polvo
que arrastran los penitentes,
con el sudor se hace lodo

se secan… hasta los dientes.
Justo al llegar a la cumbre
se les ofrece Mancera,
corralizas es el nombre
de la calle que los lleva.

La iglesia predominante
ofrece su silueta,
todos piden al instante
una visita completa.

Les impresiona el palacio
del Señor de Cinco Villas,
y se olvidan del cansancio
ante tales maravillas.
Por fin empieza otra era
aquí acaba su aventura,
ahora tienen en Mancera:
Casa vida y sepultura.

Este camino fue real,
así lo narra la historia,
yo lo cuento, y cada cual…
que lo guarde en su memoria.

Santos Martín López
«El monaguillo»

BIOGRAFÍAS

Estas breves biografías sólo pretenden introducir al lector –sobre todo al man-
cerano–, en la verdadera dimensión de las personas que conformaron el pasado
significativo de nuestro pueblo; puesto que, al ser personas tan relevantes, existen
biografías completísimas que podrán satisfacer la curiosidad a cualquier nivel.

Santa Teresa de Jesús

No creo que pueda haber en el mundo cristiano una mujer tan enamorada de
Dios y que haya sido capaz de consagrar su vida a la pobreza, la humildad y el recogimiento con tanto fervor, por el hecho de entender que este es el mejor camino
para ir hacia el Señor.

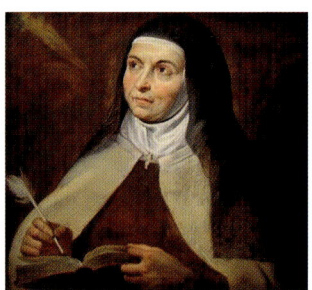

Óleo de Rubens

Teresa de Cepeda y Ahumada, nace en la ciudad castellana de Ávila el día 28 de marzo del año de 1515, Sus padres fueron **Alonso Sánchez de Cepeda** y **Beatriz Dávila y Ahumada** su padre tenía tres hijos de su primer matrimonio y Beatriz de Ahumada le dio otros nueve. La Santa, cuando escribe de sus hermanos y medio hermanos dice: «*por la gracia de Dios, todos se asemejan en la virtud a mis padres, excepto yo*».

A los siete años, tenía ya gran predilección por la lectura de las vidas de los Santos. Su hermano Rodrigo era casi de su misma edad y por lo tanto acostumbraban a jugar juntos. Los dos estaban ya impresionados por el pensamiento de la eternidad, admiraban a los santos por conquistar la gloria eterna y repetían a menudo «*Gozarán de Dios para siempre, para siempre, para siempre*»…

Un día los dos hermanos decidieron ir a tierras de mahometanos a declararse amigos de Jesús y así ser martirizados y conseguir un buen puesto en el cielo. Afortunadamente, por el camino –en Adaja– se encontraron con un tío que les devolvió a los brazos de su madre.

Fracasado este intento, decidieron vivir como ermitaños y empezaron a hacer pequeñas ermitas en los rincones de su jardín –que siempre se les caían– donde poder rezar sin ser molestados.

En 1528 muere su madre Beatriz, cuando Teresa tenía 14 años. «*En cuanto empecé a caer en la cuenta de la pérdida que había sufrido, comencé a entristecerme sobremanera; entonces me dirigí a una imagen de Nuestra Señora y le rogué con muchas lágrimas que me tomase por hija suya*».

Por esta época Teresa y Rodrigo comenzaron a leer novelas de caballería incluso intentaron escribir una. «*Aquellas lecturas, enfriaron mi fervor y me hicieron caer en otras faltas.*

Comencé a pintarme y a buscar a parecer y a ser coqueta. Ya no estaba contenta sino cuando tenía una novela entre mis manos. Pero esas lecturas me dejaban tristeza y desilusión».

Su padre se dio cuenta del cambio de su hija y la envió a los quince años a educarse en el convento de las Agustinas de Ávila que era en el que solían estudiar las jóvenes de su clase.

Año y medio más tarde, o sea, en 1532, Teresa cayó enferma –posiblemente de fiebres palúdicas– y su padre la retornó a casa. Allí comenzó a reflexionar seriamente sobre si le atraía o no la vida religiosa y fue al leer *la colección de cartas de San Jerónimo* cuando decidida comentó a su padre que quería ser religiosa. La respuesta de su padre no se hizo esperar: Tendrás que aguardar a que yo muera.

Entonces, se fugó de casa y fue a visitar a su amiga íntima, Juana Suárez que era religiosa en el convento carmelita de la Encarnación con la intención de quedarse, a pesar de la pena que le causaba contrariar a su padre. Dice en sus recuerdos:«*Aquel día al abandonar mi hogar, sentía tan terrible angustia, que llegué a pensar que la agonía y la muerte no podían ser peores de lo que experimentaba yo en aquel momento. El amor de Dios, no era suficientemente grande en mí, para ahogar el amor que profesaba a mi padre y a mis amigos*».

La Santa, determinó quedarse de monja en este convento de Ávila y su padre al verla tan resuelta, cesó de oponerse a su vocación; Ella tenía entonces 20 años.

El día dos de noviembre 1536, viste el hábito del Carmen; Un año y un día más tarde, el tres de noviembre de 1537, Teresa hizo la profesión y poco después, su enfermedad se agravó hasta el extremo que su padre decidió sacarla del convento. La hermana Juana Suárez fue a hacer compañía a Teresa que se puso en manos de los médicos. Desgraciadamente, el tratamiento no hizo sino empeorar la enfermedad, los médicos se dieron por vencidos y el mal agravó quedando Teresa casi paralizada; Pero como dice el refrán: no hay mal que por bien no venga.

Esta enfermedad, le permitió leer un librito que iba a cambiar su vida, el libro se llamaba: El tercer alfabeto espiritual, por el P. Francisco de Osuna. Siguiendo las instrucciones de aquél librito, empezó a practicar la oración mental y a meditar. Estas enseñanzas, le van a ser de gran utilidad durante toda su vida.

Ella diría después «*que si en este tiempo no hizo mayores progresos fue porque todavía no tenía un director espiritual, y sin esta ayuda no se puede llegar a verdaderas alturas en la oración*».

Tras tres años de enfermedad, se encomendó a San José la gracia de la curación, y de la manera más inesperada recobró la salud. En adelante toda su vida será una gran propagadora de la devoción a San José, y todos los conventos que fundará los consagrará a este Santo.

Teresa, tenía un gran encanto personal, una simpatía impresionante una alegría contagiosa, y una especie de instinto innato de agradecimiento que la llevaba a corresponder a todas las amabilidades. Con esto, se ganaba la estima de todos los que la rodeaban. Empezar a tratar con ella y empezar a sentir una inmensa simpatía hacia su persona, eran la misma cosa.

Las carmelitas, a principios del s. XVI como la mayoría de las religiosas habían decaído mucho del fervor de los primeros tiempos. Sabemos que entonces, los recibidores de los conventos de Ávila eran una especie de centro de reunión de las damas y caballeros de la ciudad. Por otra parte, las religiosas podían salir de la clausura con el menor pretexto, de suerte que el convento era el sitio ideal para quien quería una vida fácil y sin problemas.

Las comunidades llegaron a ser sumamente numerosas, lo cual era a la vez causa de relajación –En el convento de la Encarnación de Ávila, había más de 180 religiosas– Santa Teresa comentará más tarde: *«La experiencia me ha enseñado lo que es una casa llena de mujeres. ¡Dios nos guarde de ese mal!»* Como este estado de cosas se aceptaba como normal, las religiosas no caían en la cuenta de que su modo de vida se apartaba mucho del espíritu de sus fundadores.

Por eso, cuando una sobrina suya –también religiosa en aquél convento– le sugirió la idea de fundar una comunidad reducida, la Santa lo recibió como una revelación del cielo, no como una idea ordinaria *«Lo mejor sería fundar una comunidad que en cada casa tuviera pocas hermanas»*

Ella llevaba ya 25 años en el Carmelo y se propuso fundar un nuevo convento con pocas hermanas pero muy fervorosas. Una viuda rica le ofreció una pequeña casa para ello; San Pedro de Alcántara, San Luis Beltrán y el Obispo de Ávila apoyaron la idea; el Padre Provincial, de los carmelitas, concedió el permiso.

Sin embargo, la noticia produjo un gran descontento general y el Padre Provincial, presionado, tuvo que retirar el permiso concedido.

Pero Santa Teresa, no es una mujer débil como para dejarse derrotar fácilmente, se consiguió amigos en el palacio del Emperador y obtuvo una entrevista con Felipe II; éste quedó encantado de la personalidad de la Santa y de las ideas luminosas que tenia y ordenó que no le persiguieran más. De esta forma Santa Teresa vio el camino más libre para llenar España de sus nuevos conventos de Carmelitas Descalzas, poquitas y muy pobres en cada casa, pero fervorosas y dedicadas a conseguir la santidad propia y la de los demás.

Por orden expresa de sus Superiores, Santa Teresa escribió obras que se han hecho famosas en el mundo entero.

Su autobiografía la tituló: **El libro de la vida**. Este libro, en vida de la Santa, fue secuestrado por la Inquisición en el año 1575 y lo retuvo hasta que muerta la autora, se proyectó editarlo; recuperando entonces el manuscrito original, del que se sirvió fray Luis de León, para publicar la obra en Salamanca en 1588.

Camino de perfección, Las Moradas o **Castillo Interior** texto importantísimo para poder llegar a la vida mística.

Las Fundaciones que son un poco el reflejo de las dificultades y vivencias que pasó al fundar su comunidad. **Relaciones Espirituales, Exclamaciones del alma a Dios, Modo de visitar los conventos,**

Conceptos del amor de Dios… algunos escritos menores, y algunos versos cautivadores.

Estas obras, las escribió en medio de grandes mareos y dolores de cabeza. Va narrando con claridad impresionante sus experiencias espirituales. Tenía pocos libros de consulta y no había hecho estudios especiales. Sin embargo, sus escritos son considerados como textos clásicos en la literatura española y se han vuelto famosos en todo el mundo.

Estando en la fundación del convento de Burgos, que fue la última en julio de 1582, Sta. Teresa tenía previsto regresar a Ávila, pero se vio obligada a modificar sus planes para ir a Alba de Tormes y visitar a la duquesa María Enríquez. La beata Ana de San Bartolomé refiere que el viaje no estuvo bien proyectado y que Santa Teresa se hallaba ya tan débil que se desmayó en el camino y alguna noche sólo pudieron comer unos higos. Al llegar a Alba de Tormes, la Santa tuvo que acostarse inmediatamente.

Tres días más tarde, dijo a la beata Ana: *por fin hija mía ha llegado la hora de mi muerte* El padre Antonio de Heredia le dio los últimos sacramentos y le llevó el viático, la Santa consiguió erguirse en el lecho y exclamó: *Oh Señor, por fin ha llegado la hora de vernos cara a cara* y así visiblemente transportada por lo que el Señor la mostraba, murió en brazos de la beata Ana a las nueve de la noche del día 4 de octubre de 1582.

Santa Teresa fue sepultada en Alba de Tormes donde reposan todavía sus reliquias el siguiente día 15 de octubre. ¿Por qué tanta prisa? Porque ese día precisamente empezó a regir el cambio de calendario, y el Papa añadió 10 días al almanaque para corregir un error de cálculo en el mismo que llevaba arrastrándose hacia ya años.

Su canonización tuvo lugar en 1662 y el 27 de septiembre de 1970 el papa Pablo VI le reconoció el título de Doctora de la Iglesia.

FUNDACIONES DE SANTA TERESA DE JESÚS

1562. Convento de San José de Ávila.

1567. Convento de San José de Medina del Campo.

1568. Convento de Duruelo.

1568. Convento de la C. N.ª Sra del Carmen Valladolid.

1568. Convento de San José de la ciudad de Toledo.

1569. Convento de Pastrana (Frailes y monjas)

1570. Convento de Mancera de Abajo.

1570. Convento de San José de Salamanca.

1571. Convento de N.ª S. de la Asunción Alba de Tormes.

1574. Convento de San José del Carmen de Segovia.

1575. Convento de San José del Salvador en Beas.

1575. Convento de San José del Carmen de Sevilla.

1576. Convento de San José en villa de Caravacas.

1580. Convento de Villanueva de la Jara.

1581. Convento de San José N.ª S. de la Calle en Palencia

1581. Convento de la Santísima Trinidad en Soria.

1582. Convento de San José de Sta Ana de Burgos.

BIOGRAFÍA SANTA MADRE MARAVILLAS

Allá por el mes de octubre del año mil ochocientos noventa y uno, en la Embajada de España en la Santa Sede, el matrimonio formado por D. Luis Pidal y su esposa, en momentos libres de audiencias y asuntos propios de la Embajada, tratan de decidir donde ha de nacer el cuarto hijo que esperan ¿En Roma? ¿En Madrid? Al fin se deciden por este último y el cuatro de Noviembre de mil ochocientos ochenta y uno, –miércoles– en la casa que sus padres tienen en la Carrera de San Jerónimo n.º 38 de Madrid nace una niña a la que ponen por nombre: **Maravillas**; por entonces, reina en España **D.ª Maria Cristina** –reina Regente–

D. Luis Pidal y Mon, segundo Marques de Pidal, Embajador en la Santa Sede fue hombre piadoso con grandes virtudes cristianas y cívicas, que hicieron que alguno de sus compañeros diputados, a veces le increparan por ello, a lo que D. Luis siempre responde con humildad y firmeza sin esconder jamás su condición cristiana.

Contrajo matrimonio con **D.ª Cristina Chico de Guzmán y Muñoz** mujer caritativa y con un gran sentido común también inteligente –como su esposo– y si la gran personalidad de su marido, eclipsó un tanto la suya, fue más bien porque las costumbres de la época, reservaban a la mujer el papel de ser el alma del hogar.

Este matrimonio tuvo cuatro hijos: **Pilar** la mayor –murió a poco de nacer–, y siguieron **Maria de la Concepción, Alfonso y Maravillas.**

El 12 de noviembre, tuvo lugar el bautizo de Maravillas en la parroquia de San Sebastián de Madrid una vez repuesta de problemas en sus ojos. En el libro parroquial, escribió el coadjutor: «Baaticé solemnemente a Maria de las Maravillas Cristina Luisa Ildefonsa Patricia Josefa» siendo padrinos sus abuelos maternos D. Alfonso Chico de Guzmán y D.ª Patricia Muñoz.

Con el retorno de sus padres a Roma por razones del cargo, la niña quedó al cuidado de su abuela materna.

El Sacramento de la Confirmación, lo recibieron Maravillas y sus dos hermanos el 11 de Julio de 1896 en el oratorio privado de D. Jaime Cardona, Obispo de Sión en el Buen Suceso en Madrid.

Maravillas Pidal no despreció nunca el ambiente social en que nació y en el que se desenvolvió hasta los veintisiete años, siempre lo llevó con naturalidad y jamás con presunción alguna.

Su infancia en la casa solariega que la familia tenía en Carrascalejo, cerca de Bullas (Murcia) bajo la ternura y el cariño de su abuela materna D.ª Patricia Muñoz fue una etapa de felicidad infantil que a la vez desarrolló prematuramente en Maravillas un sentido cristiano y un amor a Dios que le acompañarían de por vida. Ella amó muchísimo a su abuela y siempre la recordó con profundo agradecimiento.

El día 7 de mayo de 1902, hace su primera comunión en el convento de la Asunción (Sta. Isabel). Van pasando los años. Maravillas ha cumplido dieciocho y llegó el momento de su presentación en sociedad. En aquellos tiempos tan distintos a los de ahora, esto era un verdadero acontecimiento y la puesta de largo constituía un cambio total en la vida de una joven. El alegre cuadro que entonces podía presentársele no deslumbró ni un instante la mente ni el corazón de Maravillas. Llevada por el amor a sus padres, se sometió a su deseo de cumplir con las exigencias de su posición; pero su corazón estaba muy lejos de todo aquello.

Ella misma lo expresa con claridad en una carta que envía a su confesor –el Padre López– donde dice: *«El mundo que me vi obligada algún tiempo a frecuentar, no tenia atractivo ninguno para mí, y deseaba ardientemente consagrarme a Dios».*

Estaba claro que si Maravillas Pidal hubiera querido brillar o triunfar en ese mundo, lo habría conseguido fácilmente, pero oyó la llamada de Dios y la siguió fielmente.

Su padre, con una afección crónica en las vías respiratorias sufre penosas molestias que le impiden dormir y descansar y en agosto de 1913, cae en cama con una pulmonía que degenera después en lo que los médicos diagnosticaron como una gangrena pulmonar; cuatro meses está luchando entre la vida y la muerte, el 19 de diciembre, rodeado de su mujer e hijos, del Padre Nozaleda, de la orden de predicadores y del Obispo de Madrid, del Obispo de Sión, y del Nuncio de su Santidad, el Marques de Pidal muere en Madrid.

Sus restos, descansan hoy en el panteón familiar de la Parroquia de la Concepción de Madrid. Un mes más tarde, el 27 de enero de 1914, moriría su abuela materna, D.ª Patricia Muñoz que tanta huella dejó en el alma y la mente de Maravillas.

El 13 de enero de 1932, tras una gripe que viene padeciendo desde diciembre y que degenera primero en bronconeumonía y desencadena después un ataque de hemiplejía que la postra en cama, muere su madre la Marquesa de Pidal.

El miércoles 11 de diciembre de 1974 a las cuatro horas y veinte minutos, se apagó en la tierra la Madre Maravillas, en el convento de Aldehuela. Contaba la Santa entonces 94 años de edad.

Su cuerpo reposa en un extremo de la huerta del citado convento.

Fue beatificada en Roma por el Papa Juan Pablo II, el día 10 de mayo de 1998.

Su canonización tuvo lugar en la plaza de Colón de Madrid el día 4 de mayo de 2003 por el mismo Papa Juan Pablo II.

Su festividad, se celebra el 11 de diciembre en conmemoración de la fecha de su muerte.

La ciudad de Madrid, ha dedicado a esta santa dos parroquias: Una en el PAU de Carabanchel c/ Los Morales 64 y otra en Getafe que se encuentra en la Plaza Francisco Tomás y Valiente.

SU VOCACION

Convencida de su vocación de monja de clausura, infinitas veces ha ido pidiendo autorización para ello a su confesor, que éste de una u otra forma fue demorando con pretextos diferentes. Ahora, Maravillas sola en casa con su madre, comprende la realidad y fue la única vez en su vida que dudó que sus deseos se llegasen a realizar.

Padre, ahora sí que no puedo pensar en meterme monja. El Padre le contesta: Tú lo harás cuando tu madre te lo diga.

Ella solo pensaba en la realidad: Su madre, los pobres… decididamente a ellos consagraría su vida.

Un día la Baronesa del Castillo de Chirel pide a Maravillas que la acompañe al Carmelo de El Escorial, se han conocido en el balneario de Panticosa donde coinciden algunas temporadas. La diferencia de edad se ve pronto compensada al descubrir que tienen los mismos deseos de darse a Dios y para Maravillas es como un puente de plata que le permite en sus correrías piadosas desligarse de la tutela de sus institutrices, entonces obligada, pues yendo con ella ya no necesita otra compañía.

Maria Chirel, después de hablar con las madres, les dijo que había venido con Maravillas.

¿La pequeña de Pidal? Tiene vocación ¿Verdad?

Maravillas se acercó a la verja y por primera vez se veían aquellas dos almas que tanto se habían de querer más tarde.

Su conversación se centró en el terreno espiritual y Maravillas aquella tarde lo decidió: Si algún día logra realizar sus deseos de consagrarse a Dios, lo hará si puede en el Carmelo de El Escorial.

Después de que la gripe –el famoso catarro universal– que hizo estragos en Europa el año dieciocho, llegó a su casa de San Sebastián postrando a todos en cama, la Sra. Marquesa, debió pensar al ver a su hija grave, que si se muere, pierde más que si se mete monja y un día en Madrid paseando las dos por el Retiro, dice a su hija: Oye Maravillas ¿Tú sigues pensando lo mismo? Para ella había llegado la hora tan deseada y por supuesto contesta afirmativamente a su madre.

De vuelta a casa, deja a su madre y en el mismo coche, marcha a comunicárselo al padre López quien tras una serie de preguntas más bien precipitadas accede.

Así el 12 de octubre del año 1919 entra Maravillas en el Carmelo de El Escorial. Antes de entrar, sus padre le habían preguntado cómo le gustaría llamarse. Ella respondió: Maria, o como quieran... todo menos Maravillas.

Cuando le dijeron que se iba a llamar Maravillas de Jesús pensó:

¿Para qué me lo habrán preguntado? Pero ningún comentario más hizo sobre ello.

Había empezado la vida dedicada a Dios de Maravillas Pidal Chico con el nombre de: Maravillas de Jesús que más tarde, sería beatificada y santificada por el Papa Juan Pablo II.

El día 21 de abril del año 1920 llega por fin su toma de hábito. Lo recibe de manos del doctor D. Jaime Cardona, Obispo de Sión.

Este es el artículo con que **El Imparcial,** periódico liberal de la época, se hacía eco de la noticia el día 22 de abril de ese año:

«En un convento de Carmelitas, situado en lo más alto del agreste sitio de San Lorenzo de El Escorial, celebróse ayer la ceremonia de la toma de hábito de la que en el

mundo se llamara Maravillas Pidal y Chico de Guzmán, hijas de los Marqueses de Pidal y heredera de una noble raza asturiana en que las virtudes y el talento, unidos en admirable consorcio, han dado a la Patria varones insignes en la política en la ciencia y en la literatura y mujeres de gran inteligencia y sólidas virtudes que, en las estrecheces del claustro o en los esplendores cortesanos han tenido siempre como única mira lo que la Santa Doctora de Ávila aconseja en los capítulos de sus Moradas 'olvido de sí' para que toda la vida se emplee únicamente en la mayor honra de Dios.

En esta modesta casa carmelitana, cuyos umbrales traspasamos ayer con emoción profunda, ha ido a encerrar su vida –una vida que parecía predestinada a todos los halagos de la fortuna– la hija de los Marqueses de Pidal.

Desde los once años, Maravillas Pidal mostró sus vehementes deseos de abrazar la vida religiosa y, consecuente con estos anhelos, jamás su gentil figura prestóse a ser ornato de los salones Madrileños a los que era invitada por fueros de su alcurnia. Siempre ocupada en obras piadosas o caritativas, su voluntad se afirmaba, **'la voluntad de vencer que es la que da las victorias'** según ha dicho un escritor francés, y así ha podido llegar para ella la fecha de ayer, en que logró ver realizado el sueño de su todavía corta existencia.

En el altar de la pequeña iglesia, una imagen del Corazón de Jesús resplandecía entre la aureola de los cirios y el blanco tapiz de las flores. A la izquierda del presbiterio, la doble verja que separa del mundo a las religiosas, mostraba, a través de los férreos barrotes, una amplia sala, risueña y blanca, en cuyo fondo, entre luces y flores, la estatua de la Virgen del Carmen tendía hacia las flores su piadosa mirada. El público, se aglomeraba delante de la reja, ávido de contemplar a la joven novicia, que apareció rodeada de las demás novicias y profesas, ocultos los rostros bajo el velo y con los hábitos pardos y blancos de la Orden del Carmen.

Llegóse a la reja y arrodillándose, con los ojos bajos, se dispuso a contestar a las preguntas de ritual que el prelado le iba dirigiendo. Vestía de blanco –el traje de las desposadas– y en el abismo de sus cabellos negros, que muy pronto habían de desaparecer, florecían los simbólicos azahares.

Con voz firme y clara, contestó a todas sus preguntas: ¿Qué es lo que pide? interrogaba el Sr. Obispo de Sión, y contestaba la neófita: La misericordia de Dios, la pobreza de la Orden y la compañía de las hermanas. Ni un minuto de vacilación, ni una veladura en la voz; nada, en fin que pudiera demostrar temor ante la dura vida que le espera… Un momento la figura nupcial desaparece. Ha partido después de postrarse ante la Virgen del Carmelo, para presentarse otra vez, vistiendo ya el hábito de la Orden. Las Hermanas profesas echan el manto sobre sus hombros y cubren con el albo velo su cabeza. Ha llegado el momento solemne. El cuerpo de la novicia se dobla sobre el pavimento… y queda largo tiempo inmóvil. El órgano acompaña los cánticos de las religiosas que entonan el Veni Creator. Lentamente van cubriendo el cuerpo de flores, las campanas, no obstante, repican a gloria.

Es que Maravillas Pidal ha muerto para el mundo; mas en el huerto del Señor un rosal ha florecido. Y en el cielo, ha nacido una estrella».

Sus oficios tras la toma del hábito, eran la crianza de los pollos y ayudar a sus hermanas a cuidar las vacas que les había mandado el hermano de una de las monjas, para poder sustentarse con la venta de leche; Ayudaba también a coser en la ropería y hacia y pintaba escapularios.

Maravillas había sufrido un derrame sinovial, por las horas que permanecía de rodillas, –durante la enfermedad de su padre– del que nunca se repondría del todo, por lo que no podía permanecer mucho tiempo de rodillas.

El 7 de mayo de 1921, hizo su profesión de votos temporales por un trienio. Salió del noviciado el 14 de Junio de 1922 –día de San Eliseo– sabemos que en el Carmelo, el noviciado es una preparación, un anticipo de lo que después ha de vivir en plenitud.

El 30 de mayo de 1924 hace la Profesión Solemne en la casita de Getafe (Madrid).

En su lucha por agrandar el Carmelo y consagrar almas a Dios, la Madre Maravillas se involucra rápidamente en nuevas Fundaciones y el 19 de mayo de 1924, sale del convento de El Escorial con tres monjas más para fundar un Carmelo en el Cerro de los Ángeles, este será el comienzo de todas las sucesivas Fundaciones que vamos a citar brevemente en el próximo capítulo.

FUNDACIONES DE LA MADRE MARAVILLAS

A través de su vida, la Madre Maravillas, además de la de mancera, realizó varias fundaciones tanto en España como en el extranjero, entre las más importantes tenemos las siguientes:

Fundación del Cerro de los Ángeles. *Estando en El Escorial, una visita de la Duquesa de Nájera, amiga y bienhechora de la comunidad y la joven Asunción Loygorri, muy devota del Corazón de Jesús y del Carmelo, siembran en Maravillas la inquietud al escuchar de sus labios que hacía poco –la Duquesa–* «había estado en el Cerro con un sacerdote de San Sebastián, D. Juan Albizu, que después de haber celebrado con gran unción la misa, había estado largo rato orando ante el Monumento, con tanto fervor y recogimiento que impresionó vivamente a los que le acompañaban. Cuando por fin rompió el silencio dijo: El Corazón de Jesús quiere aquí una Comunidad de vida contemplativa que se inmole por España y por su Reinado».

Acabó la visita y la vida de la comunidad prosiguió su ritmo ordinario pero en el corazón de Maravillas se había encendido una chispa desprendida del corazón de Jesús.

Esta idea, no la dejo ya un momento; y comienza a moverse para obtener los permisos oportunos.

Tras muchos avatares, el 22 de febrero de 1921 se presentó el padre Torres con la noticia de que el Sr. Obispo D. Leopoldo Eijo y Garay aprobaba y aceptaba la fundación del Cerro de los Ángeles. Al mismo tiempo, la hermana Maravillas recibía amplias licencias para llevarla a cabo empleando para ello los bienes a que había de renunciar al hacer la Profesión Solemne. El 19 de Mayo de aquél mismo año, a las tres de la tarde, salen de El Escorial El Padre Epifanio, la madre Maria Josefa, las hermanas Maravillas, Rosario y Josefina y algunas otras personas y familiares con destino a Getafe donde permanecerán en una casita alquilada por el Padre Epifanio a finales de abril a D.ª Carmen Cervera.

De esta comunidad, fue priora la Madre Maria Josefa del Corazón de Jesús los dos primeros años después, sería sustituida por la Madre Maravillas.

El 12 de abril de 1925 tuvo lugar la colocación de la primera piedra en el convento del Cerro de los Ángeles.

En junio de 1926 la Madre Maria Josefa, escribe al Sr. Obispo presentando la renuncia al cargo de Priora y proponiendo el nombre de la hermana Maravillas para su cargo.

El día 19 del mismo mes llegó el Padre Epifanio a entregar el nombramiento de Priora a la Madre Maravillas; Tras una gran reticencia por su parte, a los 34 años, Maravillas es nombrada Superiora en Getafe.

El convento de El Cerro, se inaugura el día 31 de octubre de 1926 –Festividad de Cristo Rey– Iniciando su andadura con once monjas.

* * *

Unos años más tarde, la especial situación vivida en España donde el 11 de mayo de 1931 una chusma incitada y pagada se lanza a la calle dispuesta a incendiar templos y casas religiosas. «Grupos de mozalbetes alocados» con teas de gasolina recorren Madrid y muchos conventos e iglesias son pasto de las llamas, esta situación hace que el Obispo de la ciudad ordene a la Madre Maravillas salir del Cerro y este mismo día comienza el éxodo;

Las monjas se dispersan por grupos entre distintas familias y amigos del Carmelo. Parece ser, que la Madre Maravillas aún permaneció en El Cerro hasta el año 1936 en que se vació el Sagrario y se derrumbó el monumento.

En fecha 14 de agosto de 1936, en periodo de guerra, las monjas se «han instalado» en el piso de un hermano de una de ellas sito en la calle Claudio Coello n.º 33 de Madrid; a pesar del ambiente hostil de la época y de numerosos asaltos de milicianos de la FAS, ayudadas por algunas personas del entorno, consiguen sobrevivir hasta que las circunstancias obligan a salir de Madrid. Salen por fin el día 13 de Septiembre de 1937 su itinerario será: Valencia, Barcelona, Por-Bou (Francia) donde libres de los peligros de la guerra visitan Lourdes.

Con las peripecias del viaje, podríamos completar un libro apasionado, pero no es esa nuestra intención únicamente lo reseñamos por considerarlo como un hecho importante dentro de su vida.

Su retorno a España, lo inician el 18 de septiembre de 1937 por San Juan de Luz, San Sebastián hasta Salamanca donde fueron recibidas con gran cariño por sus compañeras carmelitas. Allí reponen artesanalmente su vestuario original –puesto que viajaron vestidas de civil y sin hábito– Ahora, piensan dirigirse a Las Batuecas con el fin de instalarse provisionalmente en una casita que fue hospedería; Como podemos ver en tres semanas han vivido emociones indescriptibles.

Desde el 28 de septiembre de 1937, están pues en Las Batuecas «instaladas en precario» como siempre y preparando el nuevo convento, cuando el 4 de marzo de 1939 –precipitadamente– por si cierran las carreteras, sale la Madre Maravillas de Batuecas camino de Getafe; desde las Ursulinas de allí, según promesa del Sr. Obispo de Madrid podrá visitar cuantas veces sea preciso para ver y dirigir las obras del nuevo convento de Las Batuecas.

Durante el trayecto, por una avería del auto, tienen que permanecer 48 horas en Salamanca en hospedaje Carmelita.

El 7 de marzo llegan pues a Getafe y El Cerro de los Ángeles aún está en línea de fuego.

De pronto el 28 de marzo de 1939, mientras las monjas rezaban maitines, todas las campanas de Getafe anuncian la rendición de Madrid. Era una gran noticia que abría la esperanza de la paz y de volver a El Cerro. A las ocho y media de la mañana del día siguiente, la Madre Maravillas sube de Getafe a El Cerro. Fue la última en abandonarlo y quiere ser la primera en llegar.

El viaje es un espectáculo de ruina y desolación por todas partes se ven las huellas de la devastación y los estragos de la guerra, una doble fila de trincheras protegidas por alambradas rodean El Cerro entero. Durante algunos días, subieron y bajaron desde Getafe al Cerro con el fin de adecentar las ruinas del convento, por fin el día 4 de Abril –Martes Santo– emprenden la subida definitiva.

El 27 de mayo de 1939, cuando el viejo convento está algo limpio y restaurado, sale de nuevo la Madre Maravillas hacia Las Batuecas acompañada de otra hermana a recoger a las novicias que se instalarán en El Cerro.

El 11 de Junio de 1939 –Domingo– por fin se traslada el Santísimo y queda puesta la clausura de nuevo en el Convento de El Cerro. Su restauración es un hecho. El Capellán vivirá en unas habitaciones del convento, se llama a los fieles demandaderos Juan y Mercedes que se tienen que instalar provisionalmente, en los bajos del piso de capellanes compartiendo las privaciones y la pobreza de la comunidad.

Como veremos más adelante, durante estos años la actividad y el tesón de la Madre Maravillas le ha permitido la inauguración de otras fundaciones en la India y con motivo de enviar allí noticias de El Cerro, pregunta a sus hermanas si le pueden hacer un planito de la casa de capellanes arreglada para que vean como están instalados y participen de su alegría. Una de las hermanas, dice que probará y le hace un plano a escala tan perfecto, que la Madre Maravillas queda asombrada. Esta es una de las personas providenciales en su trabajo y a partir de entonces será la que haga los planos de casi todos sus conventos y dirigirá las obras que ella emprenda.

El 1 de noviembre de 1941, –festividad de todos los santos– tiene lugar la elección de Priora que echará abajo todos sus planes de soledad y retiro. Lo máximo que consigue del Sr. Obispo, es que el noviciado quede en manos de la hermana Magdalena de la Eucaristía.

El 30 de mayo de 1942 terminadas las obras, se hizo el traslado definitivo al nuevo convento del Cerro.

* * *

Fundaciones de la India. El 29 de junio de 1931, Fray Buenaventura Arana misionero Carmelita, era consagrado Obispo de la Diócesis de Vijayapuram (Ketala).

Llevaba veintiocho años fuera de España y a su llegada, acaricia un proyecto que desde antiguo le tiene ilusionado: Un Carmelo en su Diócesis. En visita que realiza al Papa S.S. Pio XII, este, se interesa por el tema le alienta y conforta animándole a llevar a cabo esta empresa que bendice especialísimamente.

El 15 de septiembre de 1932 en una visita en el locutorio, surge la segunda Fundación de la Madre Maravillas tras el ofrecimiento por escrito de todas las monjas.

En febrero de 1933 llega a El Cerro de los Ángeles el «si» definitivo y la licencia oficial en la que con verdadero júbilo, Monseñor Buenaventura admite la fundación en su diócesis.

El lunes 11 de septiembre de 1932 parten las hermanas elegidas para la misión en «el Fulda» donde instalan un pequeño Carmelo ambulante según consta en el diario que se conserva en El Cerro de los Ángeles.

El día 7 de octubre del mismo año, –festividad de N.ª Sra. del Rosario– tras infinidad de penalidades, llegan a Tuticorin; se instalarán en una casa que les tiene preparada el Sr. Obispo, actuando como priora la Madre Rosario.

El día 14 de junio de 1934 se inaugura el nuevo convento de las Madres Carmelitas en un monte llamado Kurikunum en las afueras de Kottayam y que a partir de entonces pasó a llamarse monte de Santa Teresa. Posteriormente dos conventos más se unieron a la misión.

Durante el periodo de la guerra, las monjas se «han instalado» en el piso de un hermano de una de ellas sito en la calle Claudio Coello n.º 33 de Madrid; a pesar del ambiente hostil de la época y de numerosos asaltos de milicianos de la FAS, ayudadas por algunas personas del entorno, consiguen sobrevivir hasta que las circunstancias obligan a salir. Ellas salen de Madrid el día 13 de septiembre de 193_ su itinerario será: Valencia, Barcelona, Por-Bou (Francia) donde libres de los peligros de la guerra visitan Lourdes.

Con las peripecias, aventuras y desventuras del viaje podríamos completar un libro apasionado pero no es esa nuestra intención únicamente lo reseñamos por considerarlo un hecho importante dentro de su vida.

Su retorno a España, lo hacen por San Juan de Luz, San Sebastián hasta Salamanca donde fueron recibidas con gran cariño por sus compañeras carmelitas; allí reponen artesanalmente su vestuario original –puesto que viajaron vestidas de civil y sin hábito– desde allí, piensan dirigirse a Las Batuecas con el fin de instalarse provisionalmente en una casita que fue hospedería; Como podemos ver en tres semanas han vivido emociones indescriptibles.

* * *

Fundación de Las Batuecas. El 11 de febrero de 1936, la Madre Maravillas compra una propiedad llamada el desierto de San José del Monte en Las Batuecas un vallecito de no mucha extensión que se extiende de Este a Oeste en la parte de la Provincia de Salamanca y que linda con la de Cáceres en la vertiente Meridional de la Peña de Francia encerrado entre altas montañas y con el río Batuecas a su derecha.

El 28 de septiembre de 1937 llega allí la Madre Maravillas con veinte monjas el día siguiente día de San Miguel celebrarían su primera misa. Instaladas en la hospedería del convento, gracias a los arreglos y trabajos realizados por un gran colaborador –que en lo sucesivo acompañaría a la Madre Maravillas en todas sus fundaciones– llamado Juan Mancebo Hoyos carpintero, albañil, demandadero… lo que haga falta y a cualquier hora.

Yo, tuve la suerte de conocer a este hombre –cuando estuvo de demandadero en Mancera– y a su familia formada por su esposa Mercedes con sus hijos, Juan, Fernando, –con quien por razones de edad tuve bastante amistad– Quica, Mercedes, Domingo, Alfonso y puedo asegurar el trato exquisito que esta familia tenía con todos; jamás levantaba la voz ni a propios, ni a extraños; yo diría que tenía un carácter de terciopelo con el que suavizaba la acritud de los demás eran sumamente educados.

Su mujer con gran energía y una voz dulce con ligero acento extremeño a quien daba gusto escuchar, yo creo que en estos tiempos en que la vida era muy dura y exigente con todos, el trato en general, algunas veces, podía ser algo rudo, áspero, o arisco, pero aquella familia fue sin duda, un nido afortunado donde el amor familiar y el respeto a los demás marcaba la pauta.

No sería justo finalizar este trabajo sin mencionar a dos personas que con humildad y sacrificios propios del Carmelo han estado al servicio del convento de Mancera durante muchos años en cualquiera de los menesteres que fueran precisos desde manejar la tartana hasta trabajar la huerta o cualquier otro trabajo por duro que sea, me estoy refiriendo a Faico y Pablo otras dos personas entrañables que dedicaron casi toda su vida al servicio del convento.

VOCACIONES DE MANCERA S. XX

MUJERES CONSOLIDADAS

Asunción Santos
«Asun»
Hija de Bernardino Santos y Sara. c/ El Convento.
Ingreso en las Bernardas de Salamanca

Beatriz Santos
«Bea»
Hija de Agapito Santos y Sofía c/ Veracruz.
Ingreso en las Bernardas Salamanca. Murió.

....
....
Hijas de Bernardino «Chimeneas» e Ignacia.
c/ Alba Alta. Ingresaron en_____

Conchita García Martínez
«Cónchi»
Hija de Manolo y Serafina. c/ Sta. Teresa.
Ing. en Salamanca. Siervas de S. José.

Clara Martínez
Hermana de Paz y Pilar.
Ingr. en Alba de Tormes Carmelita. +

Ángeles Ríos Vicente
Hija del «tío Pinto» Jacinto y Julia
Ingreso en Dominicas. Perú.

Felisa Nieto Dosuna
Hija de la Sra. Germana Dosuna Nieto
Ingreso en Plasencia?

Dora Nieto Dosuna
Hija de la Sra Germana Dosuna Nieto
Ing. en Exclavas del C. de J. Plasencia

Maria José Nieto
Hija de Ignacio y Valentina.
Ingreso en Salamanca.

Paulina Hernández
Hija de Paulino y Cene.
Ingresó en León Franciscanas? Clarisas?

Restituta Santos Gutiérrez
«Resti»
Hija de Manolo y Nuncia.
Ingreso en Jaén Clarisas.

Carmen González Martínez
Hija de D. José y Teresa.
Ingresó en Duruelo Carmelita.

Paz Alonso	Hijas de Cesáreo y Felisa c/ Doctor Martínez Ingreso en Duruelo, Carmelita +
Teresa Alonso	Ingreso en Salamanca Carmelita + Murió en el Escorial
Francisca Alonso	Jacinto Alonso el Zurdo y Maria c/ El Álamo. Ingresó en Duruelo Ahora en La Encarna. Ávila.

MUJERES NO CONSOLIDADAS

Sra Maxi cuñada de Rosendo
Ingresó en el Carmelo. +

Adelaida García González
Ingresó en Guadalajara. Concepcionistas.

Paz Martínez Martínez
Ingresó en Carmelitas.

Natividad Huidobro Alonso Hija de Máximo y Luisa
Ingresó en: _____

Lucia García García (hija de Mariano García y Josefa García)
Ingreso en Peñaranda. Carmelitas.

Teresa Sánchez Gutierrez (hija de Severiano y Teresa)
Ingresó en: _____

Rosario Martínez Mulas «Charito» (Santiago y Tomasa)
Ingresó en _____

Josefa Sánchez Jiménez Hija de Jesús Sánchez y Quica.
Ingreso en: _____

Teresa Martín López Hija de Estanislao y Ángeles.
Ingresó en: Josefinas de S. Jose. Plasencia +

Maria Isabel Santos García (Hija de Goyo y Epi)
Ingresó en Salamanca. M.ª Inmaculada.

HOMBRES CONSOLIDADAS

Diego Hernandez Mangas
Sacerdote y escritor

Eduardo Martínez González
Sacerdote y Obispo. (5/01/1897-9/02/1979)

Joaquín Aguado García Hijo de Desiderio y Agapita.
   Sacerdote (En la C.O.P.E)

Moisés López Hijo de Isidro y Victoria. (Bóveda)
   Nieto de Policarpo. Sacerdote

Santiago Pérez
   Sacerdote.

Máximo Sánchez Gutiérrez Hijo de Severiano y Teresa
   Sacerdote.

_____ Hijo de Samuel, Nieto de Juan José
   Sacerdote.

Fernando García Gutiérrez. Hijo de Serafín y
   Sacerdote.

HOMBRES NO CONSOLIDADAS

Enrique Ríos Vicente *Hijos de Jacinto Ríos y Julia Vicente*

Jesús Ríos Vicente *Los dos, hermanos, dominicos.*

Jesús Sánchez Jiménez *Murió en accidente.*

Oliverio Aguado Gutiérrez *Hijo de Toribio y Jacinta*

Fernando Alonso «Nandi» *Hijo de Patrocinio y Trinidad*

Resulta verdaderamente sorprendente que surjan casi cuarenta vocaciones religiosas, en un pueblo que no llegaba a los mil habitantes.

CURIOSAS COSTUMBRES DE MANCERA

EL MAYO…
SAN SEGUNDO…
LOS ENAMORADOS…

Antiguamente, el uno de mayo de cada año, había costumbre en Mancera de plantar el Mayo –un álamo blanco o chopo con altura importante que *se clavaba* en el centro de la plaza– y que se mantendría erguido durante todo el mes. Esto se hacía como digo, el primer día de mayo y seguidamente, el día dos se celebraba la fiesta de San Segundo, día de los enamorados.

Tradicionalmente, estas cosas las hacían *los quintos* de ese año ayudados por los jóvenes solteros de la villa que colaboraban de buena gana.

La fiesta, en sí consistía en elegir mediante una subasta *sui generis* a los componentes de un «*ayuntamiento*» que durará dos días y presidirá la misa de San Segundo, y todos los actos y fiestas que se celebren por tal motivo. Por supuesto que los hombres ayudarán a plantar el mayo, y se celebraban bailes y verbenas con la participación de todo el pueblo.

La preparación de la fiesta, comenzaba la última noche del mes de abril, antevíspera de San Segundo.

Vamos a intentar revivir aquí el proceso de selección de las personas que formarán el Ayuntamiento, las rondas posteriores y los esfuerzos que había que hacer para plantar el mayo. Por supuesto algunos nombres que intervienen en el relato son totalmente ficticios para que nadie se dé por aludido, aunque les traiga buenos recuerdos.

A las ocho de la tarde del sábado treinta de abril del año mil novecientos cincuenta y algo, como era costumbre, comenzaban a reunirse las pandillas en las piedras del *estanco del mudo, en la plaza,* para asistir un año más, a *la subasta* donde *se van a elegir* **las autoridades: alcalde, vocales, y alguacil** que constituirán la llamada: ***Justicia de la juventud*** y presidirán la próxima fiesta de los enamorados, que aquí, siempre se celebra el día 2 de Mayo, festividad de San Segundo.

Después, *plantar* el mayo en el centro de la plaza y tras la ronda pertinente, poner los ramos en las ventanas de las *rameras* elegidas –no confundir con prostitutas–, en este pueblo se ha adoptado este nombre tradicionalmente con toda normalidad y sin concederle nunca sentido peyorativo.

Habían llegado ya la mayoría de los *novatos –primerizos– y los quintos del año* y solamente faltaban algunos miembros de la pandilla de *Los Chapas.*

Tras los pertinentes recuentos nerviosos, justo al aparecer Goyo *Chinarros* y Maxi, todos enfilan la calle Alba Baja que les llevará hasta el *salón de Marcos,* lugar donde se celebrará *la subasta.* En el camino, que se hace de forma informal en grupos de cuatro o cinco mozos, se van gastando bromas intentando sonsacar las intenciones a cada cual.

En este pueblo, como en algunos más, antiguamente, confesar un enamoramiento era como desnudarse en público y te marcaba a ti, y a la moza elegida.

Tienes cara de alcalde le dijo FONIE a su primo SANSAN si, si, –qué más quisiera yo–, ganas no faltan, pero ya veremos las intenciones de GREMA y SELO, que tienen más fácil que yo el dinero, y algún que otro remolón de los muchos que van callados y que habrán prometido ya a alguna moza, que será alcaldesa.

El primero en atravesar el umbral de la puerta del salón ha sido VESANA, mozo joven de tez morena, pómulos abultados y una boca pequeñita de la que brota una voz aterciopelada que sin duda sonaría mejor en alguna de las mozas del pueblo, todos avanzan hasta el pequeño mostrador del fondo a la derecha de un salón completamente rectangular y con cuatro Columnas en el centro colocadas de forma geométrica y que lo dividen en partes iguales en todos los sentidos.

¿Qué, ya está preparado el vino? Preguntó VESANA al frente del grupo, justo en ese momento aparece Marcos dando un cuarto de giro a la llave de la luz sujeta en un marco de madera sobre el mostrador, y se enciende una bombilla en el centro con luz mortecina, que apenas borra la oscuridad para distinguirnos.

Esperad un poco dijo Marcos, que tenía en su boca –como siempre– medio cigarro a punto de apagarse y que movía con su lengua de una a otra comisura con la misma facilidad que hablaba, esperad un poco que enciendo este otro foco que traje esta tarde, y enroscando a mano una bombilla más grande, iluminó el local como para una boda, sí, ya traje el vino, la mistela, el coñac el anís y una caja de cervezas que tengo metidas en una barra de hielo por si alguno quiere, respondió Marcos, el vino parece bueno es de un odre nuevo y traje unas garrafas creo que si os bebéis todo, dormiréis bien, de la vianda tampoco os preocupéis que va por buen camino.

Justo, delante del mostrador, para que pudiéramos estar sentados, había colocado unos bancos corridos de madera que tenía preparados para las ocasiones especiales como los convites anuales, y algunas sesiones de cine incipiente que qué se hicieron en este local durante nuestra infancia.

Allí, sirvió vino para unos, en los típicos vasos de cristal gordo y culo tallado, y los otros, bebían de la bota, CARMAG y SANLOM tomaron mistela.

Goyo, que siempre fue un hombre con carisma y espíritu de líder, dando dos palmadas y pidiendo silencio dijo: Vamos a empezar que luego por unas cosas u otras, siempre se hace tarde y ponemos los ramos cuando la gente ha despertado.

Sentaos todos por favor, cada grupo se acomoda próximo en los bancos y tras los primeros escarceos y comentarios más o menos jocosos sobre el vino, se hace silencio al fin.

Chinarros, se sitúa dentro del mostrador y el vuelo de una mariposa alrededor de la bombilla grande, le cubre de una aureola santificando su silueta, intenta espantarla con la mano y dirigiéndose a todos dice: Algunos ya sabéis las costumbres otros, es la primera vez que venís y para vosotros, os explico cómo funciona esto: Se van a subastar cinco puestos municipales. *Alcaldesa, secretaria, alguacila* y dos *concejalas*; *La subasta* se hace en este mismo orden y la unidad de puja es el *cuartillo* y no os olvidéis que la cuantía hay que pagarla al final de la subasta.

Al acabar, acompañaremos todos a *los quintos,* primero a buscar *el mayo* y después cortaremos los ramos y los colocaremos en las ventanas de las elegidas; procurad beber lo suficiente para alegraros, pero que se entiendan bien las letras de las rondas que cantemos. ¿entendido, alguna pregunta? FLOBA levanta a medias su mano y dice: ¿Tú crees que seremos capaces de colocar el mayo nosotros solos? Igual para esa hora ya ni nos tenemos en pie.

Marcos había llenado mientras tanto las dos botas de vino, que se movían entre los bancos de mano en mano con presteza, bebed hijos, que hoy es un día para emborracharse, y no andaba muy equivocado, las historias que corrían por Mancera de estas celebraciones, casi siempre eran de alegrías muy cumplidas y a veces se terminaba durmiendo «la mona» en pajares o parajes insospechados…

Bueno vamos a empezar, cuando queráis subir, levantad la mano o decirlo alto y claro, JACAS ¡coño!, calla un poco que si no callas no empezamos, vale, ¡vale! respondió JACAS por mí podéis empezar cuando queráis yo, no pienso subastar. Entonces, que comience *la subasta*:

Para Alcaldesa, de salida ponemos diez cuartillos, ¡Podéis empezar a pujar! ¿Quién da más? El primero en romper el fuego fue EMMAR, que quería mandar un mensaje de cariño a CLAMAR veinticinco gritó; mirando desafiante a cuantos estábamos allí, tras algunas pequeñas subidas, *la subasta*, se centró en una pugna triangular entre él, DEMARS y GREMAR que andaba encoñado con CLACAM, la cantidad fue subiendo de tono hasta que al final el dinero y las ganas, hicieron que por ciento veinte cuartillos saliera alcaldesa la vecina CLACAM. Como es lógico los comentarios y vivas al alcalde y la alcaldesa, levantaron un murmullogeneralizado: Hacen buena pareja.[3]

Chinarros apenas dejó saborear los muchos brindis espontáneos y volvió de nuevo: Continua *la subasta* para Secretaria de salida ponemos cinco cuartillos, ¿Alguno da más? Quince gritó SALOM que quería llevar el ramo a la ventana de MARGUT; volvió a generarse una pugna más tranquila y al final por setenta y cinco cuartillos FIDSA fue secretaria por cuenta de su vecino JUHEZ para el puesto de alguacila siempre hubo bastante interés y este año recayó en FRAHE, por cuenta de los setenta y cinco cuartillos que ofreció PORSA. Para los puestos de concejalas, resultaron elegidas MARGUT Y ARGHER ambas amigas que fueron elegidas por SALOM y SACEM, uno de ellos cumpliendo la mili el otro, trabajando. La primera por la cantidad de setenta y dos cuartillos y la segunda por setenta.

A todo esto, resultaba ya difícil mantener silencio suficiente para entenderse, así pues, Goyo celebró que acabara *la subasta* para empezar el trabajo de la noche pues entre pitos y flautas ya eran más de las diez.

Justo cuando Marcos vio *la subasta* acabada, apareció con unos chorizos asados unas longanizas en aceite y un salchichón que invitaban a meterles mano, Esperad un poco que os traigo el pan, veréis que pan me dio Cesáreo, efectivamente el pan recién hecho y bien cocido cautivo a todo el mundo hubo quien comió más pan que matanza. la cosa es que quien más quien menos todos repitieron varias veces y Marcos tuvo que llenar el camino de pisadas para que la gente no quedara con hambre, el también se sentía satisfecho al ver a todos llenos.

Cuando había transcurrido una hora aproximadamente Goyo volvió a la carga: Bueno ¿ya sabéis lo que tenemos que hacer? ¿dónde hay que cargar el mayo? En el huerto de la Reyes dijo uno de los quintos ya tenemos preparada la yunta, el carro la sierra las hachas y las tiraderas y coyundas para atar, el árbol está en el suelo pero hay que desmocharlo ¿qué llevamos mulas o bueyes? Bueyes bueyes contesto el quinto, pues ¡adelante! Dijo Goyo.

A las doce en punto de la noche, todos rodeaban al chopo que sería en unas horas el Mayo oficial; de las operaciones de limpiado y podado, se encarga Pepe *el carbonero*, que se pasa el día limpiando encinas; en poco más de una hora el Mayo está cargado y las ramas prestas para el acarreo.

---

[3]   La subasta la dirige el alcalde del año anterior, como no indicamos año, hemos supuesto que la realiza Goyo como pequeño homenaje a una persona que lo merece. Por cierto, este gran señor que en realidad se llama Wenceslao Santos, fue alcalde titular del pueblo durante muchos años.

Atravesar *Las Entreaguas* –prado comunal muy abundante en junqueras– con ciertos regatos, no es el mejor camino para una carga tan voluminosa, por lo que se decide enfilar hacia el este y hacer la vuelta por *la calzada,* en un periquete sin contratiempos importantes con la ayuda de casi todos porque algunos ya no se tienen, el carro llegó a la calzada.

Justo desde este punto se divisa bajo el brillo de la luna, la imponente mole blanca del convento con el majestuoso cedro, que desde lejos parece su sombrero. A partir de aquí, el camino es llano y con buen piso no ofrecerá grandes inconvenientes y efectivamente hasta la plaza es un paseo que termina hacia las dos y media de la mañana del domingo que acaba de nacer.

Por *la calzada* los distintos grupos comienzan a familiarizarse con los nuevos cargos: A ver alcalde que este me tiene mareado manda al alguacil que le meta en el calabozo que me tiene hasta los…Bueno, bueno eso tiene que ser ¡todos de acuerdo! No empecemos con alcaldadas replicaba JUHE, el concejal y el incordiante replicó: Hasta mañana nada, el bastón lo cogen mañana, y además, aún no han «pagao» primero que paguen.

Al llegar a la plaza, dos de los quintos con sendas palancas de acero, se han encargado de hacer el hoyo para el mayo, mientras, los demás lo bajan del carro y recogen la yunta.

Cuando todo está preparado, se aproxima la base del chopo al hoyo y se ponen cuatro tiraderas una en cada esquina de la plaza que evitarán que el árbol caiga al levantarse.

A los gritos de Goyo la copa del árbol se eleva sin dificultad los costaleros van levantando el tronco mientras los de las sogas van tensando para mantenerlo derecho. Se refuerzan los mozos de las tiraderas y el árbol va encajando poco a poco en su sitio. Este año el tronco es grueso y parece algo más estable, se »dalea» menos que el año pasado dijo Filo. Cuando por fin, llega a la vertical, se calza con piedras se asegura y se empiezan a cantar canciones típicas de las rondas como si estuvieran entrenando.

A estas alturas de la noche, se hace muy difícil manejar el grupo pero todos saben que queda lo más bonito: ir a poner el ramo a las elegidas. Cada uno de los subasteros ayudado por los demás carga con los ramos preparados y comenzando por la alcaldesa se establece el itinerario más conveniente, no sin antes volver a llenar las botas, con la garrafa que marcos les dejó junto al mayo.

Todos cantando, pero sin orden ni concierto, llegan junto a la ventana de la alcaldesa, en la que sujetan un fresco ramo de ramas del mayo, aunque hubo una petición general GREMAR –el nuevo alcalde– no fue capaz de entonar solo la ronda, pero cantó con ganas y hasta con ilusión refugiado en el grupo. No queremos entrar aquí en el detalle de algunas letras de las rondas, porque resultarían obscenas.

El último ramo en casa de FIDSA se colocó casi a las seis de la mañana desde allí a casa, algunos tuvieron que hacer varias etapas, aunque Goyo y Maxi, se encargaron de dejar a todos recogidos antes de ir a la cama.

¡Hasta mañana! se dijeron en la despedida veremos cómo sale la misa, hoy, todo resultó bastante bien.

Al día siguiente… o sea el lunes, la misa fue un ejemplo de quietud y respeto religioso, seguida con una devoción extraordinaria, que contagió y encantó al oficiante D. Dionisio Jiménez de Antonio.

Los banquillos de autoridades, los ocupaban con disimulada naturalidad, este grupo de enamorados, que se quedaba traspuesto a cada instante, como consecuencia del trajín de las noches anteriores. Era pues comprensible que cada vez que los asistentes iniciaban un canto litúrgico, casi todos los del ayuntamiento, levantaran sus cabezas y sus párpados volviendo a la misa.

Acabado el acto religioso, todos juntos, precedidos por su alcalde, hicieron la pertinente invitación al Sr Cura para que les acompañara a tomar el *vermout,* cosa que este declinó pero agradeció profundamente, diciendo que su misión terminaba en la iglesia. A la salida de esta, la diversión lúdica está asegurada. Se recorren todos los bares del pueblo, procurando no engrasar demasiado la máquina, que tiene que estar lista para el baile de la tarde noche.

A cuentagotas, se van retirando todos a sus casas para la comida familiar, que también será algo especial en este caso, rompiendo la monotonía del cocido; hoy, el pollo, el conejo, el embutido y el cordero serán protagonistas en algunas mesas.

Cuando decae la tarde y el sol va perdiendo fuerza, empieza a congregarse la gente en la plaza, para disfrutar del acontecimiento que supondrá el baile de San Segundo. Este, es el momento álgido de la fiesta. Un poco después van apareciendo Marciano con su dulzaina y Paulino con el tambor algún que otro voluntario, echará una mano para tocar el bombo. Ahora, hay que esperar la llegada de *las autoridades* para el inicio del baile.

Mientras tanto, la mayoría de los niños del pueblo, juegan entre la gente con delirante nerviosismo, grabando en su memoria todo lo que sucede a su alrededor.

Son las ocho menos cuarto, cuando aparecen por la calle Alba baja, el ayuntamiento al completo acompañado cada uno por la dama elegida, En primer lugar: El Sr Alcalde seguido por el Secretario y los dos concejales, cierra el cortejo el alguacil todos como digo, acompañados de la dama y luciendo en su solapa, el regalo de su pareja que será un recuerdos maravillosos para un mañana nostálgico.

Se caldea el ambiente, la gente cierra el círculo a su alrededor, y cuando la dulzaina de Marciano empieza a tocar la música de rigor, el Alcalde y su pareja abren el baile con una solemnidad increíble, le siguen el resto de los ediles y los Aplausos, casi tapan la música, y disimulan las carencias de algunos danzantes. Se puede decir que este es el momento cumbre de la fiesta, las damas, se sienten algo más próximas a sus parejas, y algunas veces, esto, fue el comienzo de una relación que duraría toda la vida.

Ahora, todos los asistentes, están invitados a bailar.

Como curiosidad diremos que estos bailes siempre acaban con una jota.

Mención especial, para la actuación del alguacil que intenta continuamente recaudar fondos, tratando de imponer multas ¡de un real! a los mirones que no bailan, o a los que lo hagan con cierta inmoralidad, algunos se arrimaban demasiado… y eso no se puede hacer en público.

Acabado el baile, los protagonistas acompañan a sus parejas a casa por el orden establecido, y a continuación, ellos irán a celebrar en pandilla por los bares de la villa el acontecimiento. Entre alegría y risas, comentarán todo lo vivido entre trago y trago hasta que el sueño y el vino acabe con sus fuerzas, entonces la cama será el final de un sueño maravilloso y real… que hará historia.

Cuando los hombres despierten mañana, repararán que el regalo que les han hecho las mozas correspondientes, es un puro, con una funda bordada y adornada por ellas, y un entramado de hilos de colores al que han dedicado un montón de tiempo y tal vez… de mucho cariño al hacerlo.

San Segundo, un año más, ha llenado de ilusión y de proyectos la vida de algunos de los solteros manceranos.

¡VIVA SAN SEGUNDO!

Un día de nostalgia, recordando a San Segundo, y a su fácil olvido, compuse un poema que quiero traer aquí como postre de esta historia verídica.

SAN VALENTÍN

Desconozco las razones
de que Valentín El Santo,
produzca tanto encanto
para nuestros corazones.

Tal vez porque murió en razón
por decir que era cristiano,
el amor le dio la mano
y le nombró su patrón.

Arterio el lugarteniente,
vio al curarle su ceguera,
que no era un hombre cualquiera,
y. ¡Convenció a mucha gente!

Fuera por estas razones
o por otras del Corte Inglés,
San Segundo ya no es,
el patrón de corazones.

A San Segundo
con toda mi simpatía.

SEMBLANZA RELIGIOSA DE SAN SEGUNDO

San Segundo, es un santo cuya fiesta se celebra el día dos de
Mayo.

Según la tradición cristiana, fue uno de los siete varones
apostólicos enviados por Pablo a evangelizar España.

Parece ser que San Segundo, evangelizó Ávila aunque algunas
fuentes identifican Abula con Abla que es un pueblo situado en
la provincia de Almería.

Esta identificación tiene a su favor que Abula da origen a
Abla siguiendo las normas de la evolución general del idioma español. Además las
seis ciudades a que fueron enviados los varones apostólicos por San Torcuato, se encuentran a unas leguas de Acci (actual Guadix) y este requisito lo cumple Abla, con-
tando además con la confirmación por el obispado de Guadix que pasó por Abla.

Otra tradición indica que San Segundo fue a la actual Ávila siendo su primer
obispo. Esta tradición surgió porque en 1519, se descubrió un sepulcro y en él una
inscripción: «San Segundo» Aunque no hay datos anteriores de la presencia de San
Segundo en Ávila antes de esa fecha.

Actualmente San Segundo es patrono de Ávila y de Chite en la provincia de
Granada.

HISTORIA DE UNOS POCOS
LOS HUERTOS... LA DESPENSA VEGETAL

Recién acabada la guerra civil española, no solo vivimos bajo los miedos, de las represalias que las diferencias ideológicas de la población podían suscitar, sino que además nos trajo una penuria generalizada, que hacía muy difícil la supervivencia, sobre todo, en las zonas urbanas; las rurales como Mancera, tenían algunos recursos para luchar contra el hambre: gallinas, conejos, cerdos... Aquí, por ejemplo, el hecho de contratar a un mozo de labor para todo el año, llevaba implícito la cesión de una superficie aproximada de una huebra (4444 m²) que este sembraría de melonar con la condición de que los frutos obtenidos fueran al 50 % entre amo y criado. Esta fue sin duda por aquellos años, otra forma importante de ayuda en la alimentación, de muchas casa de Mancera.

La matanza anual del cerdo, que criaba en casa el que podía, con los pocos desperdicios que entonces había, —mondas de patatas fruta pasada etc— y la posibilidad de obtener a buen precio, los garbanzos y las lentejas —las de este pueblo son excelentes—, que se sembraban aquí, completaban bastante las necesidades anuales de la familia.

Pero en tierras de secano como estas, faltaban elementos fundamentales para la cesta: Las verduras y la fruta.

Con el fin de ayudar a solucionar este problema tan importante a los trabajadores, alguien que desconozco, aunque tengo entendido que fue una iniciativa local, tuvo la idea de aprovechar parte de un terreno comunal llamado *el soto* dedicado al pastoreo de los animales, que linda con el rio, hacer parcelas pequeñas para huertos y repartirlas por sorteo, ente las personas que cumplían ciertas condiciones de necesidad y falta de recursos. Lo que sí sabemos, es que la entrega a los afortunados se hizo en un acto municipal que presidió el entonces gobernador Provincial Sr. Salas Pombo.

Al estar pegadas al rio, resultó muy fácil dotarlas de pequeños pozos, que con la ayuda de cigüeñales elementales como el del dibujo que se adjunta, proveían de agua suficiente a las parcelas, sin necesidad de más energía que el esfuerzo personal.

Por cierto a título de curiosidad, diremos aquí que este artilugio tan rudimentario y económico, llegó a España desde Egipto y el Norte de África.

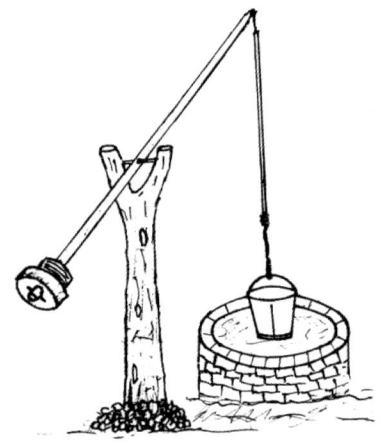

Con este sistema tan práctico y económico, –aunque exigía una dedicación casi diaria, porque en Mancera llueve poco y había que regar todos los días– llegaron a las casas de muchos obreros de nuestro pueblo, –sin gastar casi dinero–, patatas, cebollas, tomates, pimientos etc. etc. que les ayudaron a sobrevivir.

Hasta el caldero del cigüeñal, tenía entonces pluriempleo, porque cuando se acababa de regar, servía para traer a casa algunas verduras o frutas aptas para el consumo.

Incluso el trayecto de ir y venir al huerto, resultaba entretenido porque era una forma de comunicación entre los vecinos, hay que pensar que en aquellos tiempos, aún no se había inventado el WhatsApp y eran elementales los inicios de la TV.

No es pues muy difícil imaginar escenas diarias como esta que voy a contar entre propietarios de los huertos que reflejan la forma de pasar el tiempo *de aquél entonces* en Mancera.

Paulino **el herrero** y Félix **el Rubio**, solían esperarse para desandar los escasos tres Km que hay desde los huertos hasta el pueblo de Mancera. Al acabar de recoger las herramientas, quitar *la errada del cigüeñal,* y sujetarlo todo bien, solían encontrarse ambos, en el comienzo de un corto sendero que desembocaba en *la calzada,* –principal vía pecuaria del Sur del pueblo–. Justo al morir el sendero, una calva en la chopera del río Zamplón –que discurre a su izquierda– permite ver en casi toda su extensión *el Soto;* un prado comunal donde *se echa a hierba* a la manada –toros, vacas y bueyes– el día de San Isidro de todos los años; por cierto, que ese día, nos juntábamos muchísima gente del pueblo, (en aquellos tiempos, solo hombres se entiende) para ver las *luchas de toros,* que determinaban el escalafón de la manada; algunas de ellas larguísimas, sobre todo si participaba el toro *rabicano* de Germán el de Malpartida, que se especializó en hacer peleas de fondo, y terminaba con sus contrincantes por agotamiento; era un animal que se dosificaba como si tuviera conocimiento a decir de algunos de los presentes.

Vamos hombre espabila –dijo el herrero– que hay que ir *al Teleclub,* (único lugar del pueblo donde había televisión, en blanco y negro, se entiende, que estaba organizada por el párroco) hoy a las diez están Kin y Kiko en la Tele y yo me desternillo con ellos.

A mí me da igual, dijo *el Rubio* ni soy de *el tele club*, ni lo seré nunca; ya sabes que no tengo buenas relaciones con el cura, desde que intentó ponerme una multa por estar trastejando el tejado de casa el día de Corpus, mientras él, decía misa. Ya me contarás, durante la semana, tengo que estar en casa del amo, y después de comer, *es el cacho rato que tengo para ir al café, así que no tengo otro momento más apropiao para hacer las chapuzas de casa.*

Por *la calzada,* a lo lejos, se veía una pequeña nube de polvo que desaparecía lentamente, y que apenas dejaba ver el rebaño de merinas, que *Juanjo Navazo* conducía hacia la rede de cañizos, todo alrededor era paz y tranquilidad, en una tarde de mayo en que el aire mantiene un equilibrio entre temperatura y grado de humedad, que ayuda a rejuvenecer y acaba con los dolores propios del reuma en invierno. Porque en este pueblo, cuando sale un Mayo templado y en calma, produce más sosiego y bienestar en el cuerpo que una temporada en los baños de Fuenmayor.

Tengo las patatas perdidas de escarabajos, a ver si mañana, compro en «El Sepu» polvos ZZ y sulfato porque si no, me parece que estoy trabajando «*pa na*», dijo *el Rubio*; las patatas de los huertos eran fundamentales en aquellos años de escasez y constituían junto al pan, la matanza, los huevos de casa, los garbanzos, las lentejas y los frutos *del melonar la* base fundamental de la alimentación de la mayoría de los trabajadores de Mancera en aquella época.

Poco a poco, avanzaban cada uno pendiente de su equipo de viaje: *El herrero,* conducía a pie su vieja bicicleta, con ambas manos sobre el manillar, donde llevaba colgados unos repollos y unas zanahorias, que parecían de un bodegón de Luis Meléndez, y *el Rubio,* vigilaba de reojo constantemente a su vieja burra, que cargada de verdura y con un ligero alabeo de cabeza, movía descompasadas las orejas y marcaba un rápido pero desgarbado paso, como si estuviera deseando llegar a la cuadra.

Sabido es que los burros, que en boca del *tío Pacho* son burros porque no dan marcha atrás jamás, en cambio, son bastante listos, y barruntan con suma facilidad, donde y cuando descansan y comen; no es de extrañar por tanto, que la vuelta a la cuadra la hagan *volando.*

A la altura de las *entreaguas,* se escucha a lo lejos la campana de las monjas que toca oración, vamos bien de hora dijo *el Rubio,* no, si yo es por lo de la tele, si no, me daba igual respondió *el herrero.*

Las monjas o mejor dicho el convento, han formado parte del pueblo desde la edad media, cuando D. Pedro de Toledo, ofreció mejores condiciones, al convento de Duruelo que fundó Santa Teresa, y que fuera la primera residencia conventual de S. Juan de la Cruz, y estos se trasladaron a Mancera allá por el año 1570.

Por cierto, que hay una leyenda en el sentido de que en tiempos pasados, estuvieron comunicados por un túnel o pasadizo el convento y el palacio sin que hasta la fecha haya podido confirmarse tal existencia.

Acaba de incorporarse a la pareja, Ignacio *caracho,* que es el mayoral que cuida desde hace años la vacada comunitaria, algunas veces ayudado por Crescencio Cruz *El Bique.*

Buenas tardes nos dé Dios, dijo *Caracho*, hola, respondieron e*l Herrero y el Rubio.*

¿Cómo anda el soto de hierba este año? preguntó *El Rubio,* porque apenas falta una semana para echar el ganado, este año hay mucha hierba y buena, contestó *Caracho,* llovió mucho en Febrero y las temperaturas fueron benignas, y claro hay mucha hierba.

El soto, como hemos dicho, es el prado comunal de más extensión de cuantos hay en Mancera. Con una superficie aproximada de 20 Ha está dividido en dos partes por el regato que baja del monte grande; La más cercana al pueblo se llama *soto pequeño,* y el otro*: Soto grande.* Juntamente con *las entreaguas,* y los prados de *mingolices* soportan la alimentación de la vacada entre los meses de Mayo, Junio y a veces, algo de Julio, donde los animales tendrán ocasión de perder con el duro trabajo del verano, la reserva de Kilos que la primavera les permitió.

¿Ya estarás preparando todos los bártulos y sobre todo la honda y el morral no? preguntó *el Herrero,* pues sí respondió *caracho,* precisamente el otro día, estuve dándole sebo y cosiendo un poco el morral, que el hombre tiene más años que el palacio, fíjate que ya lo tuvo mi padre q.e.p.d. pero me da no se qué... desprenderme de él, y todos los años nos volvemos a ver de nuevo.

Habían llegado hasta la altura de «el mortero», que es el mayor alto que rodea el pueblo, y *el herrero* –como buen cazador– intentaba descubrir cruzando entre los brotes de tomillo de los lindones, alguna bandada de perdices para ir tomando posiciones estratégicas dentro de unos meses, cuando se abra la veda: En aquellos años aún no había restricciones tan severas como ahora para la caza (limitada a Jueves y Domingos) y *el Herrero,* muchísimas veces después de verano salía a eso de las seis de la tarde con su inseparable bicicleta y su vieja escopeta, a buscar unas perdices para variar el menú o venderlas a algún caprichoso.

Yo mismo pude comprobar algunas veces, a su vuelta, que llevaba tres o cuatro piezas colgadas del manillar, y eso sin olvidar que para que Paulino dispare, ha de tener segura la pieza porque la munición es cara, y la economía en Castilla, ha marcado siempre la tendencia de ahorro de los trabajadores en todo, incluida la comida.

Mancera fue siempre como todo término rastrojero, un gran paraíso para la perdiz; los segadores cuando detectaban algún nido, dejaban sin segar unas matas a su alrededor que permitiera incubar a la perdiz o mantenerse estáticos a «*los perdigones»*. La mecanización del campo que impediría proteger los nidos, dicen algunos que apenas influye en ellos, pues se hace unos días más tarde y para entonces la perdiz voló.

Actualmente, el control de la caza se realiza desde los cotos, soltando perdices de criadero, ya que de otra manera, hubiera desaparecido una de las dos formas más bonitas de caza de Castilla, la otra, es la caza con galgos y es curioso ver en época de veda a estos animales, reposando con el correspondiente *tanganillo puesto*.

A la izquierda, van quedando la huerta de Tanis, la de Sera, y la del Sto. Pepe, la burra del *Rubio* cuanto ha pisado el convento –que queda a la derecha–, va aumentando el paso poco a poco, deseosa sin duda, de llegar a *los caños* para beber agua. Justo a la altura del Palacio, Félix la coge del ramal para evitar encontronazos con alguna res que este bebiendo en ese momento.

En este pueblo, donde el agua escasea, *los caños* han supuesto el principal recurso hídrico para todos nosotros.

La historia del manantial de los caños, sin duda, es digna de investigar con detenimiento, porque parece ser que su descubrimiento, fue en el lugar donde hizo la señal de la cruz con un bordón, el padre fray Antonio –que era prior del convento– a raíz de una necesidad imperiosa de agua que tuvieron. ¿Era en realidad en los caños actuales, o era en algún otro manantial del convento?

Su exceso de cal, por otro lado, dicen algunos que ha hecho que sean frecuentes los cólicos nefríticos, en las personas que teníamos dependencia de este manantial.

Durante el verano, al secarse el río, las *antanas,* excavadas en su cauce, son la reserva natural de agua de donde se sacaba vaso a vaso, y después se transportaba en cántaros de barro, eran un buen recurso para el agua del cocido porque a decir de las viejas amas tenia mejores características para «*la cocción*» aunque como todos sabemos, las lentejas y los garbanzos de este pueblo son muy *cocheros*[4]*.

Desde los caños, se divisaban las eras verdegueando como un fruto pendiente de maduración, pero la realidad, es que antes de dos meses, estarán ya recibiendo las primeras gavillas de algarrobas lentejas y arritas para su trilla, limpia y ensacado correspondiente.

Paulino, a esperado *al Rubio* frente a la calle corralizas para llegar hasta la plaza que es el itinerario común que les queda y desde allí, se desean un ¡Hasta mañana! Que pasemos buena noche.

---

[4]   Se cuecen con facilidad.

A MANCERA, MI PUEBLO

Cuántas veces…
pueblo mío,
me cegó el fulgor de tu claridad vespertina.
Cuántas veces,
tus cigüeñas anidaron en mis ojos,
y el ruido matinal de su crotorar
como incruenta ametralladora
me expulsó del paraíso de Morfeo.

Cuántas veces…
me bañé en la sombra de tus recuerdos,
embelesándome en los remolinos transparentes,
de las cristalinas aguas del Zamplón
al cruzar las «pasaderas».

Cuántas veces…
hemos acarreado a cántaros,
el agua caliza de los caños
que mitigaba nuestra sed.

Cuántas veces… sí
habré recordado el liviano serpenteo del caño,
con la entrega impetuosa en el rodezno…
y sus inmaculadas aceras de hierba.
¡Cuántos años de uso y entrega
a los Señores de Mancera!
y que desde siempre fue,
energía limpia…
con encanto natural.

Ahora, sé que el cielo apenas llora,
que la tierra no transpira,
que el aliento de una «antana»
está en el subsuelo del recuerdo,
y que tu gente,
oprimida por las prisas mundanas,
olvida la sequía de tu llanto,
y humedece sus tierras,
con agua que roba a tus entrañas,
utilizando ruidos modernos
para regar sus sembrados.
¡Verlo, para creerlo!

Los adelantos,
cambiarán las costumbres,
pero nunca podrán borrar,
los archivos y recuerdos infantiles,
contados al amor de la lumbre,
y vividos día a día,
por una generación agradecida
como la nuestra.

Por eso, sé a ciencia cierta,
que nuestros rostros, ya arrugados,
forman parte del espectro
de la rica historia de Mancera,
que muchos, desde la lejanía
llevamos en el corazón.

Con todo cariño
Santos Martín

AGRADECIMIENTOS

Bibliografía y recursos de internet:

Si tú le dejas. Biografía de la Santa Madre Maravillas.

Las Fundaciones Santa Teresa de Jesús.

El libro de la vida. Santa Teresa de Jesús

Ayer y hoy de una villa. Ceferino Gómez Jiménez.

Cuna del Señorío de las cinco Villas. Felisa Santos García.

Las grandes líneas de la espiritualidad SanJ. José Vicente Rodriguez.

Tiempos de vida de San Juan de la Cruz. Padre Efraín de la madre de Dios.

Miguel Ecija Rioja. Historiador. Artículos.

Orígenes e historia de Mancera de Abajo. D. Crescencio Parroco Artículo.

http://es.Wikipedia.org/wiki/Mancera_de_Abajo

http://centros3.pntic.mec.es/

http://www.Cervantesvirtual.com/portal/patrimonio

http://www.geocaching.com/seek

http://perso.wanadoo.es/Jesusvaquero

http://manceradeabajo.es/index.asp?

http://manceradeabajo.iespana.es/

http://www.carmelitasdescalzas.net/NUEVA/index.htm

http://www.planalfa.es/confer/Carmelitas/regla.htm

http://www.ewtn.com/spanish/Teresa_de_Jesus.htm

http://www.mercaba.org/FICHAS/Santos/TdeJesus

http://www.escolar.com/biografias/t/teresa_dejesus.htm

http://www.biografiasyvidas.com

http://www.conferenciaepiscopal.es/santos

http://www.diocesisdesalamanca.com/318.0.html

http://usuarios.lycos.es

http://max.terra.es/Personal

http://www.terra.es/personal

http://grandesp.org.uk/historia

http://mx.encarta.msm.com/enciclopedia

http://es.vikipedia.org/wiki/Mancera_de_Abajo

Enciclopedia Microsoft(R)encarta

Diccionario enciclopédico Salvat.

Biografía de historias de Grandezas libro 341

de Pepe Diaz Garcia y Jose Manuel Rodriguez Huertas.

Archivo histórico del Senado. Exps.personales H13-0034-01

Biblioteca d consulta Microsoft* Encarta 2005. ©

s/grandes. Org.uk/historia/gras/mancera/htm

Vikipedia.org.

Vikipedia.Mirs.

Geocaching.com

Orígenes e historia de Mancera de Abajo. D. Crescencio Párroco.

Archivos estatales.

Juan Carlos Alcalde del ayuntamiento de Mancera.

ÍNDICE

MARQUESADO DE MANCERA

LLEGADA A MANCERA
DEEL CONVENTO